Studies of Chinese Political Communication

Fifth Series

中国政治传播研究

第5辑

荆学民◎主 编
白文刚 苏 颖◎副主编

中国传媒大学出版社
·北京·

序

让大变革时代的政治传播飞转起来

——写在《中国政治传播研究》转型为原创性学术辑刊之前

荆学民

时光如茵，岁月如梭。转眼间，《中国政治传播研究》已经出版到第5辑了。

《中国政治传播研究》前4辑，均是作为两年一度的“中国政治传播研究学术论坛”的论文集而编辑出版的。因而，前4辑的主要内容，均要依托每届论坛的“主题”而定。对于《中国政治传播研究》前4辑的编辑，我们遵循着“中国政治传播研究学术论坛”折射的时代脉动，附着于时代舞台的风华乐章，通过“政治传播”这一绚丽多彩的时代旋律，为人类社会政治文明的进步、为中国特色社会主义政治文明的传播，谱写和演奏着人类文明新形态的时代交响曲。

在《中国政治传播研究》(第1辑)出版的时候，中国的政治传播研究尚处于“萌芽始发”状态，因而首先需要给中国的“政治传播”立命正身，据此我在“发刊词”中提出：“无论现在我们怎样理解和定义政治传播，不能否认的事实是：政治传播是人类社会生活尤其是人类政治生活基本的重要活动。或许是由于涉及‘传播’，人们很容易把对政治传播研究的视线聚焦于传媒技术的发展，据此，才有了西方的以大众媒介为核心要素并将其投放于竞选性政治而形成的西方政治传播观；也据此，人们有意无意地就以西方这种政治传播观来评判西方以外的政治传播；进而据此，在中国有很多人不认为中国有政治传播，或认为中国的政治传播不是政治传播。”“政治传播便不能以现代西方的政治传播为标本，应有更高的视野和更深的锐度来公平地研究政治传播。唯其如此，在现在的中国，研究政治传播才有根基、才有意义，否则，我们岂不都是堂吉诃德战风车?”“事实上,从政治发展和政治文明进步角度来看,改革开放后中国经济社会迅猛发展所依托的‘政治’,虽不能像经济奇迹那样以‘一花独秀’来标榜,但至少需要我们摒弃固有的偏见来认真审视这个不争的事实。这就既需要总结以往基于这种政治的政治传播,更需要建构未来更符合人类政治文明进步要求的政治传播,以从历史通过现实而走向未来的合力形态在人类政治文明的体系中不断刷新自己的存在与贡献……”①可以显见,《中国政治传播研究》(第1辑)主要是构筑中国政治传播研究的基础。

到了第二届论坛召开的时候,虽然只经过了短暂的两年,但是,中国的政治传播研究却突飞猛进。我在《中国政治传播研究》(第2辑)的“发刊词”中写道:如果用“恰逢春风劲吹时”形容第一届论坛时的中国政治传播研究状态,那么,第二届论坛召开之时,“中国政治传播研究的春天已经来临,我愿意用‘化作浓墨写青山’来形容当下中国政治传播研究持续深入发展的态势”②。我当时指出,中国政治传播研究正朝着“两个方向”进发。第一个方向是持续深入中国政治和中国社会的“腹地”,有两个维度:一是继续聚焦中国政治和中国社会的高远宏大的层面,对中央的政治路线、国家的传播战略等这样的顶层蓝图进行研究、解码和传播;二是随着中国的国家与社会关系的重置与解构,以及“自媒体时代”的到来,政治传播深入到中国社会中与政治息息相关的“微社会”和“微政治”的神经末梢。第二个方向是向政治传播的延伸地带和未开垦领域拓展。这里也有两个维度:一是政治传播已经不再是传统的“政治学”和“传播学”的事情,而是涉及诸多学科领域,形成诸多新的“交叉地带”;二是在全球化浪潮的冲击下,政治传播已经不是一个国家或一种政治体制的事,就算是聚焦于一个国家或一种政治体制的政治传播,也已经超越了这个国家或这种体制。③

到了第三届论坛召开的时候,中国的政治传播研究已经步入“深入而复杂”的状态,某种意义上急需正确的“价值观”来引领。据此,我在《中国政治传播研究》(第3辑)的“序”中直抒胸臆:“政治的雄心,导致了人类社会的政治进入有史以来的‘不确定’的新形态之中,传播的激情,借助于传播技术的革命,导致了人类社会的交往进入有史以来的信息迷乱的新形态之中。固然,政治与传播深度融合的政治传播,为人类

---

① 荆学民.中国政治传播研究(第1辑)[M].北京:中国传媒大学出版社,2016:发刊词1.
② 荆学民.中国政治传播研究(第2辑)[M].北京:中国传媒大学出版社,2020:发刊词1.
③ 荆学民.中国政治传播研究(第2辑)[M].北京:中国传媒大学出版社,2020:发刊词1.

社会的政治治理和人类政治文明的进步做出了不可磨灭的贡献，但是，脱离人类历史前进方向的'政治雄心'就会变成政治野心，脱离文明轨道的传播激情就会变成助纣为虐的煽情和滥情。"因此，我呼吁，"政治传播宁静淡定归本位""当下的政治传播，需要的是克制非理性的激情，强化理性的深思，敢于传播真实的信息，勇于维护人类的正义"。①

到第四届论坛召开的时候，党的十九届三中全会提出了"国家治理能力和治理体系现代化"的时代命题。这也是时代精神对政治传播研究的深切呼唤。据此，我在《中国政治传播研究》(第4辑)的"序"中，直接使用了"达致美好生活：政治传播与国家治理的同频共振"这样的标题，并论证道："国家治理现代化，是我们国家当下的战略目标，而政治传播在其中扮演着重要角色、发挥着重大作用。其中的内在逻辑勾连是：国家治理的目的，是让人民过上美好生活，而美好生活的要义，是在物质丰富基础上的精神自由、精神宁静和精神享受，这正好是政治传播的原始价值旨归。"②

现在，《中国政治传播研究》(第5辑)要出版了，这本刊物迎来了"由量变到质变"的重要时刻：从之前的"论文集"形态向"刊发原创论文"转变。对于一本刊物来说，这可不是一般的变化，而是迈向一个更高境界的跃升之举！

我们无比认真地谋划了这一行动。

第一，紧扣时代脉动，准确和正确地把握、提炼时代精神来布局对中国政治传播研究的思考。2022年，在人类社会发展处于百年未有之大变局时代，在世界格局和秩序充满不确定性的时刻，在国际政治斗争显现"风高浪急"甚至"惊涛骇浪"的关口，中国共产党第二十次代表大会胜利举行。毫无疑问，百年大党的这一伟大的政治举动，给"飘摇移动"的人类社会发展赋以巨大的"确定性"，给人类社会进步注入一剂"强心针"。深刻思考，人类社会的建构和发展秩序的维系，无比深刻地依赖着"政治传播"，因而，政治传播必然要在这一重要时刻展现自己的巨大作用。因此，我们需要让新时代的政治传播飞转起来，以让党的二十大精神散播和浸润于全球社会。我们以此为初衷，将"第五届中国政治传播研究学术论坛"的主题确定为"中国式现代化进程中的政治传播"，并以此组织和编辑《中国政治传播研究》(第5辑)。

第二，2022年是被中国传播学领域称为"中国传播学40年"的年际，尽管这种说

① 荆学民.中国政治传播研究(第3辑)[M].北京：中国传媒大学出版社，2021：序1-2.
② 荆学民.中国政治传播研究(第4辑)[M].北京：中国传媒大学出版社，2023：序2.

法尚存有学术争议,但不影响一个学科经历了40年以上的发展历程时需要“回眸一望”的必要性和重要性。而我们使“中国政治传播研究”超越了“40年”之限,把它置于“新中国以来”的“长时段”学术历程中来“回眸”、来“展望”。据此,我们围绕“中国政治传播研究的学术探索与理论审视”主题,精心策划了“重磅访谈”与“大家笔谈”,向中国政治传播研究的几位“元老级”人物和一批“新锐大家”邀约了具有重要学术和理论价值的“学术财富”。读者诸君,举目扫望目录和名单,便瞬间可感:难能可贵、弥足珍贵!

中国的政治传播研究已然丰满,但却更加任重道远。

写于北京华樾寓所

2022年11月10日

目　录 *Contents*

政治传播基础理论研究

历史向度的政治传播

网络政治传播研究

论文编译

学界动态

专题：中国政治传播研究的学术探索与理论审视

学术访谈

编者按:学术史像一条流淌的河流。诚如传播学史记录者罗杰斯所言:“任何涉入一条新的河流的人都想知道这里的水来自何方,它为什么这样流淌。”在某种意义上,学术史起点是一个研究领域的根基所在,它将极大影响这条理论之河之后如何流淌。这是本刊启动本轮学术访谈的初衷。本辑刊载的是俞可平教授、邵培仁教授、李元书教授的访谈全文。三位教授是中国政治传播研究的早期开拓者,通过三位学者的个人回忆,可更为直观地呈现中国政治传播研究学术史中的几个标志性节点——改革开放后的八十年代初期、九十年代、二十世纪初期的研究状貌。同时,通过三位学者的评论与回应,我们也将更为深刻地理解中国政治传播研究的早期探索者们的学术关怀与理论贡献。

政治沟通、民主政治与国家治理

——俞可平教授访谈

◇张 肃 采访

俞可平,1959年生,浙江诸暨人,北京大学讲席教授,中国政治学研究中心主任,深圳大学政府管理学院首任院长;曾任中共中央编译局副局长、北京大学政府管理学院院长、哲学政治学双学科博士生导师等;主持研究“中国国家治理评估指标体系”和“中国社会治理评估指标体系”;主持创立国家级的“中国民主治理数字化平台”。

俞可平教授关于"治理""善治""增量民主""协商民主"等的研究成果为中国政治学基础研究奠定了理论基础。

俞可平教授于1988年在《社会主义研究》《政治学研究》《光明日报》等发表《政治沟通与民主政治建设》《论当代中国政治沟通的基本特征及其存在的主要问题》《政治沟通透视》等文章。俞可平教授是国内最早引介"political communication"这一学术概念的学者,是中国政治传播研究的早期探索者之一。

张肃(以下简称"张"):俞老师,早在二十世纪八十年代,您就在《政治学研究》和《光明日报》等报刊上发表了关于"政治沟通"的文章,阐释political communication这一学术概念,堪称国内最早关注政治传播领域的学者之一。您为何会专门选取political communication进行研究和阐述?您当时将其翻译为"政治沟通",那么"政治沟通"与"政治传播"这两个学术概念之间是否存在区别?

俞可平(以下简称"俞"):是的,当时我还是在读的博士研究生,发表了10多篇论文,我记得其中有3篇论述"政治沟通"的概念以及"当代中国政治沟通的特征"等问题,分别发表在《政治学研究》《社会主义研究》和《光明日报》上。有三个原因激发了我对political communication的研究兴趣。

第一是受德国当代思想家哈贝马斯的启发。我研究生时专修的是哲学,很赞赏他提出的"合法性(legitimation)理论"和"交往(communication)理论"。哈贝马斯所说的"communication"大体有三个向度:人与社会、人与自然、人与自我内心世界的交往。国内将其通译为"交往",我个人觉得翻译为"沟通行为"更加贴近哈贝马斯的本意,例如,对于人与自我内心世界之间的互动,用汉语"沟通"比"交往"显然更合适。

第二是引进新的政治学方法论的需要。八十年代之前,国内政治学界只有阶级分析法等历史唯物主义的研究方法,其他研究方法大多受到批判和抵触。改革开放后,北大政治学一方面坚持马克思主义的分析方法,另一方面出于适应国内政治发展以及政治学科重建的需要,也开始积极引介国外政治学前沿的学科理论和研究方法,走在了思想解放、学科重建的前列。我大量阅读、翻译有关西方政治分析的新理论、新方法,其中非常重要的一个分析方法就是政治沟通分析(political communication analysis)。这一领域有本经典著作,即美国政治学者卡尔·多伊奇的《政府的神经:政治沟通与控制的模式》。这本书用信息论和控制论来分析政治系统,将政治系统理解为将输入的民意等信息转化为输出的政策的动态过程。我很受这种分析框架的启发,在《西方政治分析新方法论》中对之做了专门介绍。我把多伊奇的 political communication 正式翻译为“政治沟通”。根据多伊奇的《政府的神经:政治沟通与控制的模式》一书的内容,将 political communication 译成“政治沟通”显然比译成“政治交往”和“政治传播”更适当。我认为传播包含于沟通,但沟通难以包含于传播。

第三是运用适当分析方法解释中国政治现象的需要。我当时博士论文的题目是《当代中国政治的分析框架》。在撰写的过程中,一方面要充分借鉴、吸纳西方政治学的研究方法,另一方面也要运用新的分析框架对中国一些特有的政治现象进行解释。例如,为什么“小道消息”在中国会如此流行?我发现卡尔·多伊奇的多通道理论可以解释这一现象。我在《论当代中国政治沟通的基本特征及其存在的主要问题》一文中谈及,我国高度一元化的政治沟通体系是一种典型的单通道信息传送系统。在这种信息传送通道中,政治信息对流量严重不足,政治信息在传送过程中噪声多、损失重、失真大、灵敏度低、正负反馈调节严重失衡。小道消息就是单通道体制中的一种“伴生噪声”。信息传送通道的高度一元化带来了正常沟通渠道的堵塞,这使得领导者和群众之间缺乏足够的沟通,影响群众切身利益的公务活动以及方针政策往往不能被群众及时、充分了解,从而导致小道消息泛滥成灾,于上妨碍科学决策,于下影响人心稳定。因此,我在 1988 年发表于《光明日报》的《政治沟通透视》一文中倡导,应建立多通道的政治沟通体制。

在中文语境中,“政治沟通”与“政治传播”两个概念实际上是存在细微差别的。政治传播主要应用于新闻媒体领域,指政治传播主体将特定的政治信息传送给受众。中国的政治传播,主要是党和政府等官方机构,将政治信息传送到群众中,从而让官方的路线方针、政策主张得到群众的理解和支持,政治信息的传送方向是自上而下的。而政治沟通则是掌握政治信息的不同主体之间的交流与互动,政治信息的传送倾向于平行互动。我之所以将 political communication 翻译为“政治沟通”,是因为它可以把政治学、哲学、新闻传播学的含义尽可能地囊括进来。可以说,政治沟通的概念范围更加广泛,包括了政治传播,但政治传播反过来却难以涵盖政治沟通。因此,我个人建议“政治沟通”与“政治传播”的概念应当并存,在一般情况下使用“政治沟通”的概念,涉及新闻媒体和宣传报道时则使用“政治传播”。

张:当时学界关于政治传播领域的研究是一种怎样的状况?将近四十年过去,如今中国的政治传播研究又有了哪些新的进展？另外，作为一个既源于西方理论又解释中国现实问题的学术概念，"政治传播"的含义在本土化的过程中发生了怎样的变化？应该如何弥合普遍理论与中国特色之间的张力？

俞：八十年代对 communication 的研究非常少。哲学界有几位学者在介绍哈贝马斯的理论时论及哲学层面的交往行为。明确以"政治传播"为主题进行研究的，据我所知当时有中国社会科学院新闻研究所的陈崇山教授，她于二十世纪五十年代毕业于中国人民大学新闻系，是国内资深的新闻传播研究前辈。她当时组织了中国大陆地区第一次大规模的受众抽样调查，包括对民众政治态度的问卷调查，这就与政治传播直接相关了。我在二十世纪九十年代初做过一个全国性的"政治社会化"研究，包括对公民政治价值观形成的大规模问卷调查，涉及政治宣传或政治传播的效果问题。我就相关的问卷调查专门咨询过陈崇山教授的意见，后来我们还有过一些合作。我建议荆学民教授采访陈崇山教授，因为就我所知，她也是改革开放后中国最早从事政治传播研究的学者之一。总体来说，在二十世纪八十年代，国内的政治传播研究几乎是空白的，研究人员很少，更没有成为专门的研究领域。在经历了将近四十年的长足发展后，政治传播研究取得了巨大的进步：一是政治传播已成为新闻学和政治学的一个重要的研究领域；二是出现了专门的研究机构和研究队伍，研究人员大大增多；三是包括大数据在内的新的研究方法得到普遍应用；四是多学科的交叉研究大量出现，除新闻学以外，政治学、社会学和心理学等学科都越发注重政治传播的研究；五是对外宣传或对外传播得到官方的高度重视，如何通过"大外宣"来塑造国家形象成为官方关注的重要领域。

当一个外来理论进入中国并被用来解释中国的现实问题时，的确会发生概念和理论的本土化。在政治传播本土化的过程中，有三方面的变化令我格外关注：其一，政治传播在中国语境中更多地强调宣传。其二，更加注重"传播"的含义，而非"沟通"或"交往"的含义。不同于西方语境中的 political communication，中文语境中的政治传播更加强调政治信息从政府到民间、从上层到基层的传输，哲学领域的交往意义和政治学领域的沟通意义则淡化了信息传输者之间的这种级差。其三，政治传播领域的研究具有明显的新闻学偏向。在国外，political communication 的研究不单局限于新闻学，哲学、政治学等多学科的学者都积极参与其中。而在本土化之后，国内政治传播的研究者目前更多聚集在新闻学界，这是一个很大的变化，也是令我感到有点遗憾的地方。

当然，对于政治学乃至所有社会科学来说，任何一个外来的学术概念在本土化过程中，或多或少都面临着内涵与外延的变化，不可能完全脱离中国的现实语境而存在，都要面对“普遍理论”和“中国特色”之间的张力。目前政治传播研究中存在的最大问题，可能在于过分强调中国特色。任何一门学科要想成立，都要遵循学科内部的普遍规律，都要建立一套公认的学科体系，否则就称不上一门学科。政治传播要想成长为真正科学的研究，就要在强调中国特色、中国气派、中国风格的同时，尊重普遍规律和普遍公理。因此，要想弥合这种张力，首先要清楚，无论从新闻学还是政治学的角度去研究政治传播，本质上都是一种学术研究，必须遵从社会科学的内在逻辑和普遍规律。这是所有科学研究的前提，没有这一前提，也就谈不上“中国特色”了。其次，要注意政治和学术的界限，适当保持与现实政治的距离。政治传播无疑与现实政治具有密切的关系，也必然会受到政治意识形态的影响，但不能将政治传播与政治宣传相混淆。最后，要处理好国际化与本土化之间的关系。在推进政治传播研究的过程中，无疑要结合中国的现实条件，但这并不意味着要走到国际化的对立面。政治传播毕竟是一个国际通用的学术概念，中国学者要想走出国门与国外学者进行对话，不能完全脱离国际化的轨道，要将本土化与国际化有效结合起来。

张：您曾在《中国政治学四十年》一书中指出，中国政治学逐渐从“以解释和论证现实政治为主的政治意识形态”发展成“以分析和研究政治规律为主的政治科学”，知识化和专业化程度取得突破性进展，并呈现出学科交叉的特征。政治传播学就是政治学和新闻传播学等学科相互交融形成的新兴学科。在您看来，政治传播从一个新兴的研究领域转变为一个成熟的分支学科，需要实现何种跨越？

俞：从一个新兴的研究领域转变为一个成熟的分支学科，对于从事政治传播研究的学者来说，无疑十分重要。在这方面，我们有一些成功的经验。比如我也算是国内“全球化研究”最早的倡导者之一，现在“全球学”已经成为二级学科了，像中国政法大学和上海外国语大学等高校都设立了“全球学”的博士学位点。在我的印象中，国内的全球化研究起步还要晚于政治传播，但现在“全球研究”已经上升为“全球学”二级学科。我觉得有几点经验值得政治传播研究者参考。第一，要有相对独立的专业知识体系，这应当是一门分支学科成立的最重要条件。目前国内政治传播领域的研究还比较零散，需要通过不断地研讨来将零散的知识整合起来，在学术界形成公认度较高的概念和理论。第二，要有比较成熟的研究方法。要想成长为一门分支学科，需要提炼出适合政治传播领域的一些主要研究方法。通过运用这些方法,可以得出一些独特的结论。第三,要努力壮大研究队伍。目前中国传媒大学在政治传播研究中处于全国的前列,也要大力支持国内其他高校的研究,从而在全国范围内凝聚出一支研究力量。第四,要提高国内对政治传播研究的重视程度。既要在学界同仁中呼吁,也要争取政府权威部门的支持。例如,可以积极地从政治传播的角度研究外宣工作,努力获得外宣部门的认可,尝试将对外宣传话语从意识形态式的话语逐步转变为政治传播的话语,这样既能改进我国的外宣工作,又能扩大政治传播研究的影响力。

张:您曾经讲过,“善治”(good governance)是您最高的政治理想,包含了“合法性”(legitimacy)、“透明性”(transparency)、“责任性”(accountability)、“法治”(rule of low)和“回应”(responsiveness)等基本要素。其中许多要素都与政治传播现状的改善密不可分。那么,如何才能推动中国政治传播的现实进步,进而实现国家治理体系和治理能力的现代化?

俞:要推动中国政治传播的进步,首先要加强对政治传播的科学研究。而要推进政治传播的科学研究,就要对政治和学术做必要的区分。正如我之前所说,政治传播的相关研究,几乎都与现实政治有着密切的联系。但它毕竟是一个学术的问题,需要保持一种学术自觉,将学术研究与舆论宣传、对策建议区分开来。当然,也不能走上脱离现实的另一个极端,片面地认为政治传播与现实政治不存在任何关系。

其次,要尊重政治传播的规律。我国从小学、中学到大学,都设有思想政治课,但只有尊重政治传播和政治社会化的规律,才能事半功倍,取得预期的效果。我曾经做过一个调查,印象最深的是,我国绝大多数公民居然不知道“中华人民共和国”这一国名的基本意义,只有20%多的人大体知道共和国是什么。这方面西方国家做得很好,像美国,虽然没有专门的宣传部门,却做到了“润物细无声”,很多好莱坞大片都体现出美国的主流价值观念。

再次,既要尊重事实真相,又要传播先进的价值理念。政治传播要实事求是,不搞虚假的传播,否则即使是铺天盖地式的宣传,效果也会适得其反。同时,所传播的价值观念不能与人类的前进方向背道而驰,要与社会进步的方向保持一致,体现和维护最广大人民群众的根本利益。

最后,政治传播要与推动现实政治的进步结合起来。一是致力于通过政治传播推动政务公开。政务公开就是强调政治透明,政治透明是实现国家治理体系和治理能力现代化的必要因素。政务公开既事关科学决策,也关系到人民群众的知情权。二是致力于通过政治传播增强党和政府的政治公信力。公信力的流失是我们面临的重大政治挑战,政治传播应当通过传播政治真相,加强党和政府与人民群众的政治沟通,提升人民群众对党和政府的信任度。三是致力于通过政治传播加强人民群众的政治监督。现代民主政治条件下的政治传播,不是单向的政治宣传或政治灌输,而应当是双向的互动,要扩大政治沟通的渠道,及时反映人民群众对政府公共政策的意见和建议。

张:如今,国际政治的秩序正在发生前所未有的深刻变化,新冠肺炎疫情防控和新形势下的大国竞争很大程度上改变了当今世界的基本面貌。在一些有关重大问题的观点和立场上,人与人之间存在着阶层、性别、族群、区域、国别等方面的显著差异,隐藏着很大的政治风险。您认为,如何才能使政治传播研究为解决这些问题提供帮助?面向人类社会的理想未来,我们应当如何推动政治传播的进步?

俞:刚才提到过,政治传播与现实政治关系密切。因此在这一研究领域,第一,要注意保留一个相对自由宽松的环境。如果设立太多的禁区,政治传播就不是科学的研究了。第二,要将大众传播和小众传播结合起来。推特、脸书的成功,就在于其实现了适应小众传播、针对用户偏好的个性推送。因此,政治传播要注重大众化与小众化的结合。第三,要从传播真相、增进政府公信力的角度推动政治传播的进步。我们需要重新审视宣传领域里"内外有别"的原则。笼统地说,"内外有别"似乎并不错,但具体应用时要格外慎重,不能将这一原则作为妨碍政务公开的借口。一定要认识到,绝大多数情况下并不存在所谓的内外有别,告诉大众真相有助于增强政府公信力,也能推动政治传播的进步。第四,在对外传播领域,也要遵循政治传播的规律。对外传播依赖于国际通用的语言习惯,不能跟外国人讲一些只有中国人才听得懂的话语。实事求是、不回避问题、用国际通用的学术语言来解释中国,反而更容易被国外接受,也能更好地将中国声音传递到国际上去。

我在《社会主义研究》上发表过一篇文章,题为《政治沟通与民主政治建设》。里面谈及政治沟通必然贯穿于社会主义政治生活的全过程,这对社会主义民主政治建设有着极其重要的意义。在这里不妨将我在30多年前发表的观点转述一下:改进政治沟通,有助于实现人民当家作主的社会主义民主,有助于增强社会主义体制的政治活力,有助于创造安定团结的社会和谐环境。即使放在今天,这些论断也并不过时。因此,面向第二个百年奋斗目标、面向人类社会的理想未来,在政治传播领域尤其要有一种推动国家治理体系和治理能力现代化的自觉意识。具体需要做到哪些呢？我想可以分为对内和对外两个方面。

对内传播要做好五个方面的工作。第一,要着眼于提高政府公信力的目标。不能传播虚假信息,不能传播违背人类进步潮流的价值观念。第二,要有助于增进社会共识,尤其是增进政治共识。在新冠肺炎疫情防控、俄乌冲突等一些重大问题上,社会中存在着明显的观点对立,缺乏基本的共识。政治传播要有意识地凝聚社会共识。第三,要清楚地认识到政治传播的生命力在于传播真相。第四,要有意识地为协商民主作贡献。协商民主的基础在于政治信息的广泛传播和不同政治主体之间的充分沟通。在政治传播之外,不能放弃更加强调双向互动的政治沟通概念。第五,要努力提高政治透明度。没有公开透明,就没有群众的知情权,就没有真正的民主决策,也无法消除腐败。至于对外传播,也要从三个方面着手来增强传播的效果。第一,要从提高国家软实力的角度来做好政治传播。这样,才能有一个较高的政治站位。第二,要从改善国家形象的角度来做好政治传播。对外传播不能给国家形象抹黑,要树立起负责任的大国形象。第三,要从最大限度增强中国民众和其他国家民众之间共识的角度来做好政治传播。共识是国际合作和对话协商的基础,人类命运共同体的建立也需要民众之间的共识。

(采访者张肃系北京大学政府管理学院博士研究生)

政通人和:中国政治传播研究从何处来、向何处去

——邵培仁教授访谈

◇ 张梦晗 采访

邵培仁,1953年生,江苏淮安人,浙江大学传媒与国际文化学院教授、博士生导师,中国新闻史学会中国传播学会副会长,中国传媒经济与管理学会副会长,浙江省传播学会原会长,美国中国传媒研究会主席。作为国内传播学研究大家和中国第一代传播学学者,邵培仁教授见证了从引介、学科建制到学科大发展的近40年的中国传播学发展史。从中国改革开放后引进传播学以来,其在近40年的学术研究中取得了丰硕的成果,先后发表论文360余篇,已撰写或主编出版专著33部。在传播理论、政治传播、媒介管理、媒介地理学等众多领域取得了丰硕的成果,填补了国内传播学领域的众多空白。

邵培仁教授于1991年所著的《政治传播学》一书对国内政治传播学具有开创性意义。

张梦晗(以下简称"张"):邵老师好!十分荣幸能够受到《中国政治传播研究》编辑部邀请进行本次访谈,感谢您花费宝贵时间接受我的采访。时值中国政治传播研究

40年,作为我国传播学领域的先行者和开拓者以及中国传播学第一代学者,[①]您在40年的学术研究中取得了丰硕的成果,形成了特色鲜明的传播学思想,见证了中国传播学从引进、发展到创新的艰难曲折的发展过程。本次访谈的目的,一方面是为中国传播学40年留下珍贵的当代记忆,另一方面也是想请您贡献智慧,审视和预估中国政治传播研究40年的发展脉络、理论推进和未来走向,以启后学。

邵培仁(以下简称"邵"):感谢《中国政治传播研究》主编、政治传播学科带头人荆学民教授组织这次采访活动,感谢你在百忙中接受这项采访任务。我也正好借此机会回顾和总结一下自己走过的学术道路。

张:您是国内最早引介"政治传播"这一学术概念的学者之一。您在1991年出版了中国大陆第一部《政治传播学》,当时是基于何种考量?能否具体说一说当时的情况?

邵:能在1991年撰写和出版《政治传播学》一书是需要胆识和勇气的,出版过程更是困难重重。20世纪80年代末90年代初,中国大陆的新闻传播学科还处于蹒跚学步的阶段。特别是80年代末期之后的较长时间,是反资产阶级自由化的特殊时期,一些搞传播学研究的人,有的去了国外高校,有的另搞别的研究,有的下海经商,而我居然能在江苏这个地方出版《政治传播学》《经济传播学》《艺术传播学》和《教育传播学》等书。这套"当代传播学丛书"能够出版,首先要感谢当时江苏人民出版社和南京大学出版社领导和编辑的眼光和胆识,也要感谢当时的合作伙伴。估计当时在其他地方这些书是出版不了的。我被引进到杭州大学后主撰的《新闻传播学》和《传播社会学》也是在江苏出版的。江苏与其他地方不同,它经济发达,思想开放。

在引介"政治传播"概念的初期,我就坚定地认为,当今,政治日益生活化,生活也日益政治化,整个世界中正在形成人与政治、生活、传播相互感应的整体系统,它们相辅相成,密不可分;同时确信,政治传播学一定会被中国文化接受、吸收,成为中国现代文化和学术的有机组成部分。但是,我也认识到,引介政治传播学在一开始就要与中国传统文化相承接,同中国的社会历史条件相适应,同中国的具体国情和传播实践相结合,并为国家的"政通人和"出谋划策、贡献智慧。否则,会行之不远。

我们不必视西方文化如洪水猛兽。文化态度很重要。我们对待西方传播学的态度应该是"迎中有拒、拒中有迎",即所谓"迎新不迎旧、排污不排外",从而实现"系统

---

① 袁靖华.邵培仁:躬耕中国传播学的先行者[N].中国社会科学报,2022-05-11(12).

了解、分析研究、批判吸收、自主创造、为我所用”的学术目标。

张:郁建兴教授在《政治交往:一种政治沟通的新分析路径》(2009)一文中认为:在我国政治沟通领域,“最具影响的研究当属俞可平的《西方政治分析新方法论》(1989)和邵培仁的《政治传播学》(1991)”“两位学者的政治沟通(传播)分析,对后来的研究产生了较大影响,并逐渐形成了两种不同的分析路线”。① 请问您的《政治传播学》的主要特色是什么?跟俞可平教授相比,您对政治传播学的阐述有何不同?

邵:《政治传播学》以服务国家“政通人和”为核心主旨,以“生活即政治,政治即传播”为主要观念,以政治传播学本土化为基本追求,立足中国,放眼世界,多角度、多层面地考察和阐述政治传播过程以及同其他意识形态和社会系统之间相互影响、相互制约、相互作用的复杂现象与基本规律,结合中国传统文化、现有国情和传播实践,提出和揭示了政治传播学在中国政治选举、经济建设、行政管理、国际政治等领域的合理开发、利用的可行路径和基本趋势。江苏省社科院原院长徐福基教授在序言中谬赞:“《政治传播学》拓宽了传播学者和政治学者的著述领域,突破了西方学者的研究模式、研究范畴和研究方法,……提出了一个新的传播理论模式——整体互动论。”

俞可平教授是我学习的榜样。他的大作《西方政治分析新方法论》②(1989)从国外学者的“政治沟通分析”中,归纳出政治沟通的两种含义及各自的研究主题,并对这两种含义下政治沟通分析的理论渊源、一般原理和重要概念进行了解读,学术影响很大。拙著《政治传播学》在本土化方面用力较多,从传播学的基本观念和传播过程出发,在“三结合”的基础之上,试图在阐述和分析政治传播的学科、功能、要素、类型、方式、效果等范畴的过程中建立具有中国特色的政治传播理论体系。

张:您提出的“整体互动模式”,被学界认为搭建了“独树一帜的具有中国特色的研究体系”。③ 在您看来,对政治传播而言,西方化与本土化、理论普遍性和中国特色之间是一种什么样的关系?

邵:“整体互动模式”是从中国传统文化的整体观和互动观的视角出发,将人类社会的所有传播现象及其传播过程囊括和整合在一个整体互动的大系统之中,采用唯物的、整体的和辩证的方法进行分析研究,这样既可避免学术研究的唯心主义,也能防止

---

① 郁建兴,何子英.政治交往:一种政治沟通的新分析路径[J].社会科学辑刊,2009(4):4-9.

② 俞可平.西方政治分析新方法论[M].北京:人民出版社,1989.

③ 肖容.整体互动论:独树一帜的传播模式——略论邵培仁的传播学研究[J].徐州师范学院学报,1992(3):138-141.

出现学术上的技术决定、传播万能等片面观点。同时,传播研究要内外兼容、古今贯通、继往开来,既要积极回应“为什么要研究传播学、怎样在中国研究传播学”等学术问题,也要重视用现代学术话语来剖析和回应中国的现实问题和传播实践,努力做到“上接天气,下接地气”。

张:2017年,您极具前瞻性地提出“新世界主义”媒介理论,强调构建人类整体传播学。这与您之前在政治传播领域提出的“整体互动模式”和“传播理论本土化”之间有什么关联吗?

邵:新世界主义(New Cosmopolitanism)是对世界和人类文明现状及其发展趋势所持有的创新性、系统性的认识、论述、主张,也包括行动方案,是对当今世界局势和走向的深入洞察和准确把握,也是一种内涵丰富、思想深邃、系统完整的新型理论体系。新世界主义不以民粹主义、孤立主义、利己主义为战略考量,也没有被“旧世界主义”乌托邦式的幻象迷惑,而是以国家根本利益和人类命运共同体利益为考量,既植根于中国传统文化中“天人合一”“协和万邦”的“大同”“天下”思想,又继承和发扬了中国革命的优良传统和国际主义理念。这一理论主张既反对“西方中心主义”,也不搞“中国中心主义”,既反对“美式全球化”,也不搞“中式全球化”,而是搞世界多极化、文化多样化和整体全球化,是用“人类整体传播学”来统领各种各样的本土化传播学。①

新世界主义媒介理论受到“整体互动论”的启发,但它以“共建人类命运共同体”为理念,其“立足中国、面向亚洲、放眼全球”的学术定位超出了“整体互动论”的学术胸怀、研究范畴和分析视野。今天我们搞传播学本土化需要换位思考,回到中西方对话和跨文化交流的立场上来,需要有新世界主义的全球视野和传播理念,需要遵循媒介尺度、混合咖啡、格创结合的三项原则,正确处理好本土性与全球性之间的关系与张力。② 新世界主义媒介理论具有宏观的现世的政治传播学色彩,研究中要防止其出现非整体互动的学术偏向,这就要注意历史与现实研究兼顾,宏观与中观、微观研究结合,纵向与横向、竖向研究联通,本土传播与亚洲传播、全球传播研究贯穿,使传播研究能够在立体的多元的跨文化的时空中自由生长,无微不至,无远弗届,进而无极。

张:当今世界政治秩序正在发生前所未有的变化,我们称之为“百年未有之大变

---

① 林凯.滴水观阳:中国传播学研究的个人记忆——访浙江大学邵培仁教授[J].华夏传播研究,2020(2):213-233.

② 邵鹏,邵培仁.全球传播愿景:新世界主义媒介理论研究[M].杭州:浙江大学出版社,2022:100-103.

局”,您如何看待这一背景下的政治传播研究?

邵:其实全球传播秩序也正在发生前所未有的变化,这对中国既是挑战也是机遇。特别是在全球政治传播领域,随着西方传媒信用的崩溃和形象的坍塌,西方中心主义受到挑战,传播本土性得到张扬,东方传播学者已经不再狂热关注西方传播学界和业界的一举一动,开始关注本土性与全球性之间的合理张力和尺度关系,而西方传播学者也逐步由传统的内向研究转向外向研究、由西方传播转向东方传播,一些西方学者甚至开始思考如何在传播研究中“去西方化”。人们几乎都在思考如何用全球的或多元的视角去审视和分析全球传播现象和问题,以便在多样化视角和跨文化背景下通过精确分析,找到比较客观、公正、中立和平衡的能被不同国家传播学者共同认可和接受的认知和观点,而那些过于偏激的、感性的、不够严肃的观点往往被学界轻视和讥笑。

张:那么面向未来,我们应该构建一种怎样的政治传播理论呢?

邵:面向未来,我们既要反思过去,也要认清当下,审视和分析政治传播的基本转向。我们看到,西方有识之士已经在反思资本主义的制度缺陷和僵化的管理机制了,中国应该继续根据文化传统与具体国情创新社会主义政治传播的特色;传统的意识形态和冷战思维可能会逐步淡化、退场,现实主义、国家利益和人民至上的理念在国家交往和政治决策中可能会逐渐占据上风;政治传播中的传统角色和套路可能不再具有绝对优势,必须逐渐褪去封闭且坚硬的外壳,尝试以一种温情的、富有爱心的和生活化的形象打动人心;主流新闻媒体已经没有过去的号召力和影响力,政治传播开始尝试与流行文化互动、同日常生活沟通,但又必须防范过度戏剧化的危险;政治传播的主导权和主动权已经发生变异,守门人、监管者已不能总是在第一时间在信息传播的前端发挥作用,而政治传播者只能自求平安无事;政治传播的受众看似拥有了更大的参与权和选择权,其实也面临着理性公民主体性缺乏的尴尬。

那么未来政治传播变革的方向在哪里?咱们师徒俩在《全媒体时代政治传播的现实特征与基本转向——基于对政治传播实践的观察》①一文中有过讨论。

第一,政治传播要贴近民众,为民服务,切实关心民众的现实需求。但是,当政治传播以一种日常化、生活化的形象存在时,也要注意同消费主义、商业取向保持距离,防止过度综艺化。“政治脱口秀”可能迎合了部分受众的娱乐化、感官化的趣味,让具

---

① 邵培仁,张梦晗.全媒体时代政治传播的现实特征与基本转向——基于对政治传播实践的观察[J].探索与争鸣,2015(2):57-60.

有“泽连斯基特质”的人获益,其实大多流于低级趣味,缺乏正面变革意义。如果让浸泡在娱乐世界中的民众失去关心政治的兴趣,那么他们也就失去了判断是非的能力,落入“政治疏离”的境地,于是政治传播也就可能变成一种“没有公民”的游戏。

第二,理性主体的公民性建构也是实现政治传播“公共偏向”的重要途径。在网络信息过剩的时代,受众参与政治传播的自主性和可能性确实增大了,但很多政治议题在群情的关注下,经过一番轰轰烈烈的网络讨论之后,往往很快被遗忘,或被新的议题淹没,或瞬间淡出人们的视线,这都反映出参与者缺乏成熟和理性的主体性。因此,建构冷静的、反思性的理性主体,是形成良好的政治传播生态的重要举措。

第三,政治传播也要“不拘一格,各显神通”。既要构建多层次的话语体系,也要建立全媒体融合的话语平台,还要探索一对一、多对一的话语模式,推动构建合作共赢的话语方式。① 政治传播不仅要对内,也要对外;不仅要自己讲好中国故事,还要想办法让别人来讲中国故事。中国文化“走出去”的最好状态,是让中国文化之水“涨起来”,然后“漫出去”和“流出去”。②

第四,政治传播要与艺术传播、知识传播等结合,共同构建开放共享的全球传播模式和平台。“分享信息是人类的天性,没有信息分享就没有人类社会的存在、发展和繁荣。在全球实行信息开放共享,既是构建人类命运共同体、建设美好的传播世界的需要,也是建设和美化人类社会更加幸福美满的明天。”中国应该率先示范,主动建立联通全球的先进的强大的信息存贮与传播平台,不断充实供全球用户免费使用的海量信息资源,开放无限链接的共享通道,这样不仅能无限延伸和丰富人类的认知,而且将深刻改变全球信息传播和文化交流格局,甚至可以让中华文化传播“弯道超车”。③

张:您总是能站在传播学术的最前沿,直面最新的传播现象和传播问题。从出版中国大陆第一部传播学著作《传播学原理与应用》,出版中国大陆第一套“当代传播学丛书”,积极投身媒介经营管理学理论与实践的探索,大力开拓媒介地理学、媒介生态学的研究领域,到构建华夏传播理论、亚洲传播理论和新世界主义媒介理论等,您勇于探索的精神激励着一代代学人奋力向前。请问您是如何做到一直保有如此开阔的研究视野和高度的学术敏感的?

---

① 邵鹏,邵培仁.全球传播愿景:新世界主义媒介理论研究[M].杭州:浙江大学出版社,2022:137-142.

② 邵培仁.打造中国文化全球传播新景观[J].现代视听,2019(2):85.

③ 邵培仁.开放共享:构建全球信息传播新模式[J].现代视听,2019(8):86.

邵:第一,兴趣和爱好是最重要的。因为爱好,所以喜欢,而喜欢可以让人沉浸其中、乐此不疲、废寝忘食。第二,要对国内外传播学界的前沿信息和媒体业界的新变化保持高度关注,为时代及时提供当下的声音,对现实迅速作出理性的回应。第三,要对学术始终保持执着、韧性和耐力,要拒绝诱惑,耐得住寂寞。第四,要有一种敢于冒险、敢为人先的精神,要学会"学术占位",力争第一。我喜欢在学术上做前人没做过的事。重复性学术不是"创造"而是"制造"。第五,学术研究应是一群知识分子进行的智力竞赛,而不是特立独行的沙漠之旅。今天已不再是个人英雄主义的时代。随着学科导向转变为问题导向、分散研究向整合研究转变、单科研究向多科研究和交叉研究转变,学术生产和传播的速度也在不断加快,现在需要顺应时代要求,倡导知识共构、优势互补和学术合作。这些既是我的学术心得和体会,也是我的学术追求。

(采访者张梦晗系苏州大学传媒学院副教授、硕士生导师、院长助理)

政治学界对政治传播的早期学科化努力

——李元书教授访谈

◇李 圆 采访

李元书,1941年生,1967年于北京大学国际政治系毕业,黑龙江省社会科学院政治学研究所原副所长、研究员,黑龙江省社会科学院终身荣誉研究员,曾荣获1993年国务院特殊津贴。李元书长期工作在黑龙江省理论战线,先后在《中国社会科学内部文稿》《光明日报》《政治学研究》《苏联东欧问题研究》《世界经济与政治》《当代世界与社会主义》《红旗文稿》等国家级刊物上发表学术论文和宣传文章140多篇,被《新华文摘》《高校文科文摘》《中国人民大学复印报刊资料》转载40多篇,出版专著5部,得到了政治学界同行的认可与赞扬。

李元书教授的《政治体系中的信息沟通——政治传播学的分析视角》《政治传播学的产生和发展》《政治社会化:涵义、特征、功能》等著作和文章对中国政治传播的发展起到了重要的先导作用。

李圆(以下简称"问"):李老师您好,您是国内最早关注政治传播研究的学者之一。您于2001年在《政治学研究》发表《政治传播学的产生和发展》一文,并于2005年出版专著《政治体系中的信息沟通——政治传播学的分析视角》。请问您当时为何会进入政治传播研究领域?能否具体介绍一下当时的情形?据您回忆,在您引介政治传播相关学术研究时，国内学界关于政治传播的研究是什么样的状况？

李元书（以下简称“李”）：一门社会科学学科发展和建立的路径有两个：其一是自我成长或自我建构，其二是从外国引进。当社会生产和社会生活某一领域或某一方面发展到需要某种社会科学学科的知识、理论指引和帮助时，并且社会又发展到能够为社会科学学科的建立提供技术条件时，身处在这一社会生活环境之中的最先察觉到需要建立某一社会科学学科的学者，就会根据社会生活的实践经验、社会生活的本质和发展规律，提炼、概括、建构出社会科学中某一学科的知识体系。走自我建构或自我成长这一路径的难度很大，所需要的时间也很长。它要求创立、建构某一社会科学学科的学者必须生活在产生某一社会科学学科的社会环境之中，而且要有敏锐的洞察力、深厚的知识素养和较高的学术悟性。相比之下，走引进的路径较为容易，但又容易导致全盘照搬，犯全盘西化的错误。

中国政治传播研究是从引进开始的。我国最早研究政治传播学的学者是台湾的祝基滢博士，他于 1983 年出版了一本以“政治传播学”这一名称命名的专著——《政治传播学》。该书是引进性的著作，介绍了西方政治传播研究的基本内容、基本理论和方法。

我介入政治传播学研究是一个偶然的机会。1997 年，山东省社会科学院原政治学研究所的姜士林研究员因主编《宪法学辞书》出了名，之后他说服中国社会科学院和中国科学院等学术机构，组织全国的知名学者编撰《中国现代科学全书》，涉及自然科学、技术科学、管理科学、社会科学等。当时，北京大学政府管理学院的宁骚教授邀请我参加。我较为熟悉的政治学理论、政治社会学已经被北京的学者选走了，只剩下政治传播学。《中国现代科学全书》编委会承诺研究成果由人民出版社免费出版，同时还给了 1500 元的研究启动经费。当时我所在的研究所正缺少研究经费。研究成果能在人民出版社出版，而且是免费的，这对一个地方社会科学院的学者是很有诱惑力的。虽然当时我对政治传播学没有研究，但我还是硬着头皮承担下来了。当时我们的政治传播学知识可以说是零。好在我们是从事政治学研究的研究所，懂得政治学的基本理论，我就组织所里的研究人员全力以赴地投入政治传播学的研究。当时按照《中国现代科学全书》编委会的要求，研究成果及书稿要在 2000 年 6 月份交稿。后来由于各种原因，我主编的《政治传播学》一书没能按时于 2000 年在人民出版社出版，直到 5 年后的 2005 年，“当代中国政治学巡礼丛书”的主编联系了河南人民出版社，该书才得以出版,并且更名为《政治体系中的信息沟通——政治传播学的分析视角》。

我进入政治传播学研究领域时,中国大陆的政治学界还没有人研究政治传播学。我们当时没有查找到政治传播的研究成果。在传播学界,也只有个别学者介入政治传播学的研究,比如邵培仁教授。和政治传播学相近的新闻学、舆论学的成果也不是很多,即使是最具有政治传播学特点的分支——政治宣传学,也没有形成理论体系,也只有一些零星的文章。当然,也可能存在当时已有某些关于宣传学的著作出版,但我们没有找到的情况。因为当时还没有可以搜索社会科学研究成果的网络工具。

问:您主编的《政治体系中的信息沟通——政治传播学的分析视角》是一本什么类型的著作?

李:这本书是《中国现代科学全书》一百部著作中的一部。《中国现代科学全书》编委会要求各个学科的著作不要写成自成理论体系的理论专著,而是要对各个学科的发展历程和研究现状进行概述式的介绍和评价,包括按时间先后综述各个主要学术流派的基本观点,评价其长与短、优与劣、正确与错误等。书中内容以概述性介绍为主,评价次之,最后才是阐述自己的观点。概述的文字量占总文字量的60%—70%,评价的文字量占总文字量的20%—30%,阐述自己观念的文字量在10%左右。评价的目的是对该学科的基本概念、范畴、研究对象、研究的基本内容和研究方法等关于学科的知识体系加以规范。

可以说,这本书是一本概述20世纪的政治传播学的研究历程和发展状况的学术著作。从中国政治传播学的发展历程上说,它是在中国政治传播学形成和建立的初期,把产生于西方发达国家,主要是产生于美国的政治传播学,引介给中国读者的一部介绍性著作。在我们介绍政治传播学之时,西方国家还没有形成关于政治传播的研究对象、研究领域、理论体系和研究方法的共识。

因此,对这门学科我们也很难用一个大家已达成共识的理论体系去介绍,只能采用概述的方法、综述的方法。采用这种方法的好处在于可以把当时政治传播学研究的全貌和发展轨迹呈现在我国读者面前。后面这一段话是我写在我那本书后记中的一段话。

> 虽然这是一部概述性的、介绍性的著作,但《中国现代科学全书》编委会又要求具体学科的撰写者对每门学科进行学科规范。我们根据这一要求以及当时我们初步认识到的政治传播的特征和运行过程,尝试性地建构了一个

中西结合式的理论体系,也可以说是混合式的理论体系。这一理论体系由五个部分组成。第一部分为政治传播学概述,第二部分为政治传播的过程,第三部分为政治传播的形式和目的,第四部分为政治传播的环境,第五部分为政治传播学的发展与预测。

问:一个与之相关的学术问题是,您的专著《政治体系中的信息沟通——政治传播学的分析视角》的主标题颇有伊斯顿的政治系统论、多伊奇的政治沟通理论的色彩。请问您在写作此书时,为何要在政治传播学与以上理论之间建立联系?

李:这本书的原书名就叫《政治传播学》,2005 年在河南人民出版社出版时,出版社担心《政治传播学》这个书名的学术性太强,不好销售,就把书名改成了现在的格式。

对于提到的政治系统论和政治沟通理论,我虽然没有出于主观认识在政治传播学与以上两种理论之间建立联系,但我在主持这本书的撰写时,对政治系统论和政治沟通理论对于政治传播学发展的影响也给予了关注。

我们曾经在课题组内组织讨论过俞可平在《西方政治分析新方法论》这本书的第三章"政治沟通分析"中提出的关于 political communication 的两种含义。我们仔细讨论了具有政治传播意义的政治沟通与作为政治系统输入、输出的工具的政治沟通的区别。我现在保存的当年《政治传播学》的撰写规则和要求中,就提出了在政治传播学的研究中要注意区别政治沟通的两种含义和使用的问题。

关于伊斯顿的政治系统论,我们把它看作政治传播学的一般方法论之一,在书中的第一章"政治传播学的研究对象和方法"中对其进行了重点阐述和介绍。

问:您在引介政治传播研究的同时,也发表了诸多涉及政治社会化、政治参与(政治发展)等议题的研究。您认为这三个研究领域之间是否存在内在关联?

李:首先,在说明政治传播、政治社会化、政治参与这三个研究领域的概念之前,我们要明确政治传播的含义。政治传播有狭义和广义两种解释。狭义的政治传播是政治主体利用大众媒介把政治信息传递给受众并影响受众行为的活动,或者说是媒体在政治主体与公众之间进行政治信息沟通的过程。广义的政治传播是政治主体运用语言符号和媒介传递政治意图和政治文化,影响受众行为的活动。广义的政治传播既包括了政治公文、政治演讲、政治宣传、政治歌谣、政治流言等形式,也包括了人际传播、群体传播、组织传播等类型。

其次,从广义的政治传播的意义上说,政治社会化是语言符号的传播、人际传播、组织机构传播和媒体传播的过程和结果。政治社会化的过程必然是政治传播的过程,也必然是政治文化的传承过程。政治传播的过程蕴含着政治社会化的某些内容和效果。政治传播是政治社会化的重要途径。

再次,政治社会化既具有传承主流政治文化、培养"政治人"认同、支持政治制度、维护政治统治的功能,又具有更新政治理念、更新政治文化、推动政治发展的功能。人们在参与政治传播的过程中,有可能接受某些先进的政治理念。(而人们)对先进的政治理念的接受过程,正是政治社会化的过程,也是政治发展、政治变革的启动过程。政治发展、政治变革开始于先进的政治思想的传播。这种传播会使越来越多的民众接受先进的政治思想,进而转化为政治发展的革命者、参与者。

复次,政治传播离不开政治参与,政治参与需要传播媒介。西方国家的竞选性政治传播形式在本质上就是一种广义的政治参与,是政党、政治家通过大众媒介和互联网传播政治纲领、政治主张,树立政治形象,参加竞争以获得组织政府的权力的过程。对于选民来说,这是选民通过投票表达自己意愿、选择由谁来组织政府管理国家的过程。在当代中国,网络已成为广大民众参与政治的主要平台和手段。比如,2019年《社会蓝皮书》中的报告显示,2018年4月发生的塔吊行业工人劳动者的集会和2018年6月在多省爆发的货运卡车司机的联合大罢工等群体事件,就是运用微信、微博、QQ、APP、手机等新媒体进行组织、网络宣传和动员,让分散的人群在线聚集,形成了大规模的群众性参与运动。如前所述,政治社会化的过程是政治传播的过程,是传播政治文化的过程,是形成政治自我和培养"政治人"的过程。

最后,政治参与的过程也是进行再政治社会化的过程。一个人在家庭、学校、同辈群体的教育和影响下,从自然人变成了具有政治自我的政治人。但政治人如果要扮演某种政治角色,还必须进行再政治社会化。其中包括在政治参与的实践中,积累扮演高层级的政治角色的经验。一个人要扮演高层级的政治角色,就必须在参与的实践中积累经验,这种经验积累的过程就是一种再政治社会化的过程。

综上所述,我们看到政治传播、政治社会化和政治参与之间是互相依存、互相关联、互相作用的关系。

问:"政治传播"这一学术概念是从西方引介的,同时,它也是一个面向中国现实的学术概念,需要解释本土问题。能否请您结合自己的研究,谈一谈对政治传播而言,西方化与本土化、理论普遍性与中国特色之间是一种什么样的关系?

李:当前中国政治学界正在讨论政治学、政治传播学的本土化问题,这种讨论是非常必要的。我认为社会科学的学科建设,特别是具有现代性的社会科学学科的建立,是与一个国家的经济发展程度、经济制度相联系的,分不开的。

一个时代的社会科学学科是建立在该时代的经济基础之上的。新中国建立之前,中国是一个半殖民地半封建国家,“犁杖 + 小农经济”是当时的主要经济基础。在新中国建立之前,中国不可能形成和建立具有现代性的社会科学。新中国建立之后,由于某些原因又取消了政治学等现代学科的设置和研究。直到 1979 年,邓小平在党的理论工作会议上才提出要恢复政治学、法学、社会学以及国际政治的研究,并明确提出要赶快补课。那么课怎么补? 引进介绍西方发达国家的政治学、政治传播学是主要的途径之一。

另一个主要途径就是研究马克思主义经典作家的政治理论和政治传播理论。引进介绍的目的不是全盘西化,不是照搬,而是借鉴,是在马克思主义政治理论、政治传播理论的指导下,借鉴西方政治学、政治传播学中具有普遍性理论意义的那一部分,使其与本国的国情结合起来,建构出适应本国实际和需要的政治传播学。

关于理论的普遍性与中国特色之间的关系问题,可以说,任何一个具有时代特征的社会科学学科,都是该时代的生产方式的产物,是对该时代的生产方式以及由该生产方式所产生的主导阶级所要求的理念和知识体系的陈述、归纳和概括。反映时代特征的社会科学学科与该时代的生产方式和阶级结构是分不开的。

马克思主义所讲的生产方式包括两大部分,一是生产力,二是生产关系。先进的发达的生产力体现在社会科学的理论当中,就会展现出它的技术性、工具性、方法性、科学性、合理性等。与先进的生产力相结合的生产关系体现在社会科学的理论当中,就会展现出它的阶级性、意识形态性、观念性、价值性。这是具有同一生产方式、同一社会形态的国家社会科学理论具有普遍性、共性的经济原因和经济基础。具体到政治学领域,即使是生产方式相同的国家,由于具体国家的历史传统不同、民族结构不同、民族文化不同、政治权力结构不同,政治学理论也独具本国的特征。上述理论的某些方面也适用于我国的政治传播学研究。

首先,中国政治传播学或中国政治传播研究理论,应具有中国特色经济、政治、文化基础。我国是社会主义国家,不但生产关系、经济制度与西方国家不同,国家政权的性质、政治制度与西方国家相比更具有本质上的区别,历史文化和传统与西方国家也不相同。这些不同使中国的政治传播更具有中国特色、中国特点。

其次,世界政治传播学及西方政治传播理论建立的理论基础是生产方式理论、政治理论、传播理论。这三个理论对中国政治传播学的构建具有普遍性的理论影响。作为现代生产力构成要素的科学技术的革命,不仅促进了经济的大发展,同时也为社会科学,包括政治传播学的发展,提供了新的理念、方法和传播媒介。这些新的理念、方法和传播媒介在政治传播中的地位、功能应该是使中国政治传播理论具有普遍性的理论前提和科学技术前提。我国已建立起市场经济体制,我国的经济已经融入世界经济体系和全球化的大市场。基于市场经济所形成的市场观念、产权观念、竞争观念、品牌观念、营销观念、顾客至上的观念等,已在很大程度上影响了政治传播学的建设和发展,而且使政治传播学的理论具有了普遍性和共性,例如由市场营销观念发展而来的政治营销理论,在市场营销观念和品牌观念的基础上发展而来的包括政党形象、政府形象、政治家形象的政治形象理论,以及由市场经济的产权理论发展而来的政治传播主体理论等。

总之,要建设中国特色政治传播学,中国式的政治传播理论不仅要研究中国政治、中国文化,而且要注意研究现代生产方式理论,注意研究生产力理论中的科学技术理论、生产关系理论中的市场经济理论对政治传播学建设的影响,使科学技术理论和市场经济理论中具有普遍性的理论转化、融入中国特色政治传播理论之中,让特色理论之中蕴含普遍性原理。

问:《政治体系中的信息沟通——政治传播学的分析视角》一书中,您认为哪些部分是中西方政治传播研究不同的地方?哪些是相通的地方?

李:我主编的《政治体系中的信息沟通——政治传播学的分析视角》一书在前面已介绍过,其根据《中国现代科学全书》编委会的要求,总体思路是对学科进行规范。我的这本书在撰写时的主导思想是介绍政治传播学的普遍性理论,或者说是中西方相通的理论。例如,第一章介绍有关政治传播学的研究对象和方法的理论,第二章介绍有关政治传播学的特征、功能和类型的理论。在第二部分,我们根据政治传播学家拉斯韦尔的5W模式构建了政治传播的过程。这一过程包括政治传播者、政治语言、政治信息、政治传播中的大众媒介、政治传播中的受众、政治传播效果,共六个环节,比拉斯韦尔的5W模式多了一个环节。政治传播的过程理论和构成过程中有关五个环节的理论,在中西方应该是相通的。

书中第三部分介绍了政治传播的形式和目的,一共是六种形式:政治新闻、政治宣传、政治广告、政治辩论、公共舆论和政治选举。关于政治社会化,我们在当时把它看作政治传播的目的,而且所有的政治传播形式都会在不同程度上导致政治社会化。从以上六种政治传播形式来看,竞争性的政治选举、独立的政治新闻、政治广告、政治辩论并不适合中国。

但我们在书中阐述的、介绍的是政治新闻的一般理论,也就是中西方相通的理论。第四部分介绍的是政治传播的环境,这也是中西方学者研究政治传播理论时都要关注的课题。

问:一个更具体的学术问题是,您在此书中单列了"政治宣传"一章,请问从理论普遍性和中国特殊性两方面来看,您认为政治宣传与政治传播是什么关系?

李:政治宣传与政治传播的关系可以从以下四个方面进行分析。

第一,政治传播研究或政治传播学是在第一次世界大战和第二次世界大战的战时宣传和战后的思政宣传的基础上发展起来的。政治宣传分析是政治传播研究的前身。

第二,政治宣传分析中有许多与政治传播研究相同的理论。例如政治宣传的过程理论与政治传播的过程理论是基本相同的,它们都遵循拉斯韦尔的5W模式。拉斯韦尔曾经指出,所有企图影响人类行为的技巧都属于广义上的宣传,这样宣传就涵盖了劝服的全部内容。从这个意义上说,政治宣传是浓缩了的政治传播。

第三,现代政治传播理论是在政治宣传分析的基础上发展起来的,它已经超越了政治宣传分析。政治宣传仅是政治传播研究理论体系中的一种基本形式或基本形态。

第四,政治宣传在中国政治传播研究中处于特殊的重要地位,我赞成荆学民教授所说的政治宣传是当代中国政治传播的主轴模式的观点。政治宣传在中国政治传播中的特殊地位,是由中国政治制度的本质和特性所决定的。

虽然政治宣传在中国政治传播中处于特殊的重要地位,但我主编的这本书中"政治宣传"这一章写得很一般,对政治宣传在政治传播中的重要地位没有进行分析和阐述,对政治宣传的基本理论的概述和介绍也一般。其主要原因是撰写这一章的作者不懂英语,没有收集到西方学者关于政治宣传的研究资料。当然,据一些学者研究,在当代西方国家"宣传"已是一个贬义词。

问:今天世界政治的秩序正在发生前所未有的变化,我们称之为"百年未有之大变局”。您如何看待这一背景下的政治传播研究？面向未来，我们应该构建一种怎样的政治传播理论？

李：这是一个宏大的理论问题，回答这个宏大的理论问题，我没有十足的把握。我只有一个大概的思考。

首先，要认识“百年未有之大变局”的内涵，然后才有可能认识它与政治传播理论的关系。我们身处的“百年未有之大变局”有几个标志。其一是世界经济发展的中心已经转移到亚洲，亚洲国家的经济总量已经超过美国。其二是中国的迅速发展和迅速崛起。据预测中国的经济总量、经济规模将在2030年左右超过美国，也有外国学者说在2027年、2029年或2030年。那么我综合他们的预测，定在2030年。与中国的迅速崛起相对应的是美国正在走向衰落，衰落的标志性事件是2008年的金融危机。经济是一种硬实力，经济本身也是一种权力，是一种财富权力，所以经济是政治的基础。随着世界经济的中心转向亚洲、转向中国，这就意味着世界经济产业、投资等经济活动将转向亚洲，向中国聚集。这将影响乃至推动世界政治格局持续变迁，进而导致世界权力体系中心转移。世界权力体系的中心大约100年转移一次，我们正处在百年大变局的起始阶段。

其三，中美之间的大国竞争已经开始。这有两个具体的标志，一个是中国共产党的十九大提出要在21世纪中叶把我国建成富强、民主、文明、和谐、美丽的现代化强国，这是中华民族复兴的伟大梦想。中国要崛起为世界强国，以美国为首的世界帝国主义体系极力阻扰。最突出的标志性事件是美国前总统特朗普于2018年发起的针对中国的贸易摩擦。现任美国总统拜登延续了对我国的贸易摩擦，并强化了对中国的科学技术封锁，企图把美国控制的军事组织北约扩展到亚洲，从军事上包围中国。另一个是我国处在这一大变局之中，是主角，是最主要的参加者之一。

面对“百年未有之大变局”这一大背景、大趋势，作为影响、推动政治发展、政治变迁的政治传播学或政治传播研究，必须加入这大变局之中，我们要注重研究百年未有之大变局这一大背景、大趋势对政治传播提出的要求，注重研究在百年未有之大变局的变迁过程中政治传播的特征、形态、功能和发展趋势，注重研究我国的国际政治传播学的研究现状、局限性。我们要加强对国际政治传播学的研究，建设适应百年未有之大变局的国际政治传播学或国际政治传播理论。

百年未有之大变局的一个重要方面是中国的崛起和复兴。中国的崛起不是要成为新的世界帝国，而是要推进中华文明的复兴，以“大道之行，天下为公”的天下观、世界观来重建世界政治秩序，建设人类命运共同体。中华文明的复兴也不是对中国传统文化、中国古代文明的复制，而是把中国传统政治文明中依然具有生命力的那部分与现代政治文明中具有普遍性的那部分有机结合起来，创造出一种保持中国传统政治文明特质、特点的新的中华政治文明。

这种新的发展，要求用新的中华政治文明与世界其他民族的政治文明进行对话、交流。政治传播是中华政治文明复兴的参与者、助推者，中国政治传播理论应该是中国政治文明的组成部分。中华文明的复兴包括了中华政治文明的复兴和创造性发展，这要求中国政治传播在理论范式上进行转型。例如，在内容上，由研究意识形态的传播为主转向以研究中华政治文明的传播为主；在研究的方式上，由以政治宣传为主转向以政治沟通交流、对话为主。

问：在中国，“政治传播”被视为政治学、新闻传播学等多学科相互交融的研究领域。同时，近年来，我们一直在推进政治传播从“研究领域”向“学科”的转型。在您看来，从“政治传播研究”转向“政治传播学”，需要实现何种跨越？

李：对于这个问题我没有深入研究和思考，我只能从方法上谈几点看法。

第一，政治传播理论是从西方国家引进到中国的，要建构中国的政治传播学，或者说使中国政治传播从研究领域向学科转型，就要对西方国家的政治传播学、政治传播理论进行批判性的研究和分析，分清精华和糟粕，分清哪些理论是为资本主义制度服务的，哪些理论属于普遍性原理，是可以借鉴的。

第二，要深入研究和挖掘中国传统政治文化中有关传播文化的内容，尤其要注重研究和总结中华人民共和国建立后，中国共产党推进以政治宣传为重点的政治传播的经验和教训，并把这些经验和教训上升为理论。

第三，要研究马克思主义经典作家的传播理论和政治传播理论，其中包括毛泽东、邓小平、江泽民、胡锦涛、习近平的传播理论和政治传播理论。中国是社会主义国家，建设社会主义国家的政治传播学，要掌握马克思主义政治传播理论，以马克思主义政治传播理论为指导，这是前提。

第四，要注重研究以互联网为基础的自媒体对政治的影响，对政治传播理论发展的影响。当代中国已进入以互联网为基础的自媒体时代，其主要表现是自媒体的大众化、过程化、平台化，微信、微博、QQ 等新媒体的出现及其个人化、大众化。这对政治传播的影响不断增强,使政治传播的主体多元化、民众化,使政治传播向双向化和横向化发展。有时民众之间可以互相传播政治信息,也可以受到政治传播的影响。借助自媒体对政治议题的设置,民众对政治政策制定的影响力不断增强。以互联网为基础的自媒体已在某种程度上影响到了政治传播理论的建构或发展。

第五,要深化对政治传播学的交叉学科的研究。政治传播学是政治学、新闻学、传播学、语言符号学、社会学、文化学、心理学、经济学、计算机学等十多门学科相交叉、交融的学科。要深入研究、探索,直到弄清楚政治传播学与上述学科相交叉、相交融的部分,并在此基础上实现学科的融合和跨越。

第六,要探索政治传播学自己的研究方法,形成反映政治传播学研究对象本质的自成体系的研究方法。

我认为上述六种研究是建立独立形态的政治传播学的基础和前提,从政治传播研究向政治传播学的跨越,应该是在上述六种研究基础上的跨越,即在六种研究的基础之上,进行学科理论的升华和构建,形成政治传播学自身的研究对象、概念、范畴、理论体系、话语体系和研究方法。

问:您的专著和论文都直接使用了“政治传播学”,而不是“政治传播研究”这个概念。请问您使用这一概念是基于何种考虑?

李:我在《政治体系中的信息沟通——政治传播学的分析视角》一书中的第一章第一节讨论过西方研究政治传播的学者使用“政治传播研究”的概念而不使用“政治传播学”的概念的原因和苦衷。在本书的第三页也交代了我没有使用“政治传播研究”的概念而直接使用了“政治传播学”的概念的原因。

第一个原因,也是最主要的原因,我主编的《政治传播学》是《中国现代科学全书》中的一本,如前所述,《中国现代科学全书》编委会要求对各个学科进行规范性的概述和介绍。对政治学各个分支学科的规范和介绍,要使用具体学科的名称,即某某学。

第二个原因是中国人研究理论问题的习惯——首先要认定所研究的理论属于哪个学科。我使用“政治传播学”的概念、名称并不是因为我对政治传播学有了精深的研究。

问:您的专著是“当代中国政治学巡礼丛书”中的一本,该丛书认为政治学与其他学科之间交叉形成了诸多“交叉学科”,例如政治社会学、政治人类学、政治经济学等。您认为,政治传播学与以上这些交叉学科相比,发展程度如何?

李：我近十年来没有继续研究政治传播学，所以对政治传播学与相关学科的交叉问题、政治传播学的发展程度问题，我没有发言权，说不清楚。不过，我近年来对政治学和社会学的交叉问题进行过研究，在研究中形成了四个具体的理论观点。

第一，作为政治主体的国家与作为社会主体的民众和社会组织处于互动状态，在它们的互动中形成了相互作用、相互渗透的场域，这个场域就是政治社会学的研究领域。

第二，在国家与社会的互动过程中，形成了一系列既具有政治特性又具有社会特性的混合性社会政治问题，这些混合性社会政治问题就是政治社会学的一个个具体的研究课题。

第三，一门学科的具体研究客体体现的是这门学科的研究领域和边界。如果一门学科的边界模糊，说明这个学科还不成熟，还在形成和发展之中。

第四，一门学科的交叉学科越多，形成一个边界较为清晰的独立学科的难度就越大。

我最后的结论是，政治社会学是处于形成过程之中的学科，因为对政治社会学的学科本质、属性、研究对象、研究领域、学科范畴、理论体系等基本的构成要素的认识还存在着严重的分歧。

我认为上述四个理论观点的某些方面也适用于对政治传播学发展程度的认识和判断。因为政治传播学和政治社会学都是交叉学科，所以在某些方面可以进行比较。但是我要强调的是，它们只是在某些方面适合比较，因为政治社会学和政治传播学是不同的两门学科。

问：您作为政治传播研究的开拓者之一，对年轻一代的政治传播学者有何建议和期待？

李：当代世界以互联网为中心的媒体技术革命正在持续深化，社交机器人、大数据等正在引领新一轮媒体技术革命。媒体技术成为广大民众参与政治的工具和手段，极大地提高了民众参与政治的能力。广大民众参与政治的能力的提高将带来政治领域的革命，促使国家政治向社会政治发展、精英政治向平民政治发展，国家政治和社会政治、精英政治和平民政治将相互作用、相互影响、相互依存、协同发展。这场政治革命在西方发达的工业化国家已经开始，导致这场政治革命的不仅是媒体技术，还有其他的原因。但媒体技术的革命性大发展是导致这场政治革命的主要原因之一。

这两场革命将推动政治理论、政治传播理论的大发展。我希望年轻一代的政治传播学者跟踪研究这两场革命,研究与这两场革命相适应的政治传播理论的特征以及它们所引发的政治传播理论的发展趋势。我期望你们成为新时代、新形态的政治传播理论和政治传播学的建构者,成为引领政治传播理论大发展的领军人物和大学者,这就是我对青年政治传播学者的期望。

(采访者李圆系中国传媒大学政治传播研究所博士生)

学术笔谈

中国政治传播研究的理论争鸣

——中国政治传播研究名家学术笔谈

◇张 昆 谢 岳 史安斌 刘海龙 潘祥辉 庞金友 何 晶

◇苏 颖 采访

编者按: 当前的中国政治传播研究已经形成自觉的研究意识、独立的研究对象、独具特色的研究路径和专业的研究方法,甚至开启了其作为一个独立学科的探索之路。但是,"政治传播"这个概念来自何方?在引介"政治传播"这一学术概念时,中国政治传播研究的早期探索者们有着怎样的价值关怀与探索精神?"政治传播"这一学术概念在中国扎根之后,如何与中国的现实经验相呼应?自引介以来,它在何种意义上取得了重要的理论进展?面向未来的中国政治传播研究,应当向何处着力?它的学科化之路如何走?对于以上问题的回答,有助于我们探寻中国政治传播研究的基石,厘清中国政治传播研究的关键争议,甚至关乎中国政治传播研究的未来命运。《中国政治传播研究》作为国内唯一一本以"政治传播"为主题的专业学术辑刊,有责任在当前的学科史关键转折点,承担起回应以上疑问、凝聚学术共同体共识的任务。有鉴于此,编辑部于2022年上半年启动了关于十位学者的专题访谈(俞可平、邵培仁、李元书)或笔谈(张昆、谢岳、史安斌、刘海龙、潘祥辉、庞金友、何晶)。这些学者或者是中国政治传播研究的理论先驱,或者是中国政治传播研究的中流砥柱,或者在中国政治传播研究领域做出了特色鲜明的研究。他们围绕以上关切,进行了一场跨越世代、超越学科、打破边界的深度对话、智识切磋。

笔谈嘉宾:

张昆,中央民族大学新闻与传播学院特聘院长,教授;

谢岳,浙江工商大学公共管理学院特聘教授;

史安斌,清华大学新闻与传播学院教授;

刘海龙,中国人民大学新闻学院教授;

潘祥辉,南京大学新闻传播学院教授;

庞金友,中国政法大学政治与公共管理学院副院长,教授;

何晶,中国社会科学院大学政治传播研究中心主任,中国社会科学院大学新闻传播学院教授。

一、中国政治传播研究的缘起

问:您个人是在何时、何种情况下,注意到“政治传播”这一学术概念,并开始从事“政治传播”研究的?

张昆:现在学术界都在讲跨学科交叉融合的问题,我的学科背景其实就很跨学科:本科修读历史学,研究生时期改读新闻传播学,博士阶段学习政治学原理与方法。或许正是因为这段复杂的学习经历,我一直很关注政治传播研究。1998年我考入武汉大学政治与行政学院攻读博士学位,那个时候我就在反复思考一个问题:能否找到一个充分发挥自己既有潜能的研究领域,综合利用新闻传播学和政治学等方面的知识积淀,争取打一口“深井”。经过长期思考,我最终确定了“大众媒介的政治社会化功能”这一主题,这也成为我后来的博士论文选题。应该说,“政治传播”这个词在当时的中国学界还不似今天这般火热,彼时国内的政治传播研究尚处于起步阶段。虽然“政治传播”作为一个整体概念在中国出现的时间较晚,但这并不能说明我们对政治传播活动未曾有过思考、探索。事实上,从已发表的专著和论文来看,20世纪90年代有不少学者在关注这一新兴领域。

1999年,我在《新闻与传播研究》杂志发表了一篇文章——《从〈君主论〉看马基雅维里的政治传播观念》,文章主要考察了马基雅维里(1469—1527)的政治传播观念，属于传播思想史抑或政治思想史的研究体系。同时在这篇文章中，我也对“政治传播”提出了一些思考，主要包括两点。

一是，我坚信信息传播系统之于国家犹如神经系统之于人体，国家正是在人类生产发展的基础上信息传播发展到一定阶段的产物。国家疆域的广狭及其组织程度的高低，与信息传播的发展水平密切相关。在不同的国家，因地理环境、民族文化传播的差异，信息传播系统的社会职能不尽相同，但是在沟通上下、争取民心及协调、整合社会各阶级、各族群、各集团的利益方面却是基本一致的。政治过程与传播过程实际上互为表里，彼此不可须臾分离。正是因为信息传播在政治过程中的地位及其影响，几乎所有的政治家都把利用、控制信息传播活动作为其施政的重要内容。

二是，我们都知道马基雅维里一直被视为欧洲伟大的政治家、思想家和近代资产阶级政治学说的奠基人，正是他率先用人的眼光来观察国家，“从理性和经验中而不是神学中引出了国家的自然规律”①，使政治学与伦理学彻底分家，从而使政治学成为一门独立的学科。马基雅维里的成就包括许多方面，其中属于政治学的主要是《君主论》。《君主论》是马基雅维里为当时在佛罗伦萨执政的美第奇家族而作的，如今已被学术界看作影响世界历史进程的十大奇书之一。在书中，他竭力地讨论君主国是什么、有哪些种类、怎样建立、怎样维持以及为什么会消失等，其中许多地方都涉及政治传播问题。但是当时我发现对于马基雅维里的政治学说，前人进行了相当系统的研究，可从传播的角度探讨他的政治传播思想的还不多见，其实诸如人性、政治形象、传播的控制、传播谋略等这些在书中出现的话题同样非常重要，它们本身就是马基雅维里政治思想的有机组成部分，而关于这方面的研究并不多。新闻传播学的身份背景，跨学科修读政治学博士，传播现象与政治活动时刻共在却未引起足够重视，当时的这些情形催促着我从传播学角度去探讨政治议题。

谢岳：我分别于 2005 年、2006 年出版专著《大众传媒与民主政治——政治传播的个案研究》②和《当代中国政治沟通》③。《大众传媒与民主政治——政治传播的个案研究》这本书实际上是我在复旦新闻学院从事博士后项目研究的一个成果。复旦的博士后管理政策规定，在本校从事博士后研究必须跨学科，换句话说，我不能申请政治

① 中共中央马克思恩格斯列宁斯大林著作编译局. 马克思恩格斯全集：第一卷[M]. 北京：人民出版社，1972：128.

② 谢岳. 大众传媒与民主政治——政治传播的个案研究[M]. 上海：上海交通大学出版社，2005.

③ 谢岳. 当代中国政治沟通[M]. 上海：上海人民出版社，2006.

学的博士后项目。作为权宜之计,我申请进入了复旦新闻学院的博士后流动站,在李良荣教授的指导下从事专题研究。从书名上可以看得出,这是一个传播学与政治学的交叉课题。选择这个题目,纯粹是受到文献的启发和影响。我确切地知道,这是一个很流行、很重要的研究领域。国内政治学界和传播学界对这个领域的关注还太少。我想从理论上搞清楚两者之间的关系。

《当代中国政治沟通》是我在前一本书的基础上所进行的一个实证研究的成果。作为一名中国学者,我自然想尝试解释本国的政治现象。这本书的写作受到了俞可平教授在北大的博士论文的启发。不过,我的研究和俞老师的有所不同,我对"政治沟通"的基本单位的定义没有俞老师那么宽泛,而且我想以政治沟通为视角理解中国政治过程,而俞老师的研究主要是结构功能主义式的制度描述。

我在出版了上面两本著作之后,就转向其他领域的研究了。之所以有这样一种大的研究转型,是因为一方面我觉得自己已经在理论和实证层面都做出了尝试,从学术规划的角度而言,似乎没有太大的突破空间了,另一方面我对社会抗争的研究兴趣大大地超过了政治沟通,这个纯粹是个人选择的问题。政治沟通或政治传播与社会抗争有交集,但是我的研究很少涉及。我最近关于民国社会抗争的研究倒是和政治传播有关系,主要是对民国的报纸做了一个定量分析。至少可以说,媒体是我的社会抗争研究的重要的数据来源。

史安斌:从个人角度而言,我对"政治传播"的研究兴趣持续了二十余年。我早期关注美西方国家新闻媒体报道中的中国政治议题及中国国家形象。此后以"危机传播""公共外交"等为切入点,我对相关政治传播理论的西方源流和中国语境进行了分析。近几年来,我结合"后西方、后真相、后情感"的时代背景,对"网络化公共领域""极化""另类空间""行省化"等西方政治传播领域相继出现的理论和实践进行了梳理,并致力于寻求超越"西方化/去西方化"二元对立的现实路径,分析中国政治传播学在全球范围的"行省化"探索中应扮演的角色和发挥的作用。

刘海龙:我个人真正注意到这个领域是在21世纪初做有关宣传观念的博士论文时。2008年至2009年,我到美国宾夕法尼亚大学访学,那里是美国政治传播研究的重镇之一,既有公众意见、传播效果研究方面的知名学者,也有国内关注比较少的政治修辞理论研究方面的知名学者。我在此期间算是正式地学习了政治传播,当时选修了Vincent Price的"政治传播"博士研讨班,系统地了解了公众意见研究的主要理论,同时大家还结合2008年美国总统选举中奥巴马的选举策略进行了讨论,这也让我初步地感受到了政治传播与美国政治的关系。

结合自己的宣传观念研究和在美国期间学习的内容,我觉得中国的政治传播研究有一定的发展空间,于是申请了学校的"中国的政治传播与政治民主"的课题,并且2010年在中国人民大学新闻学院给研究生开设了有关政治传播研究的文献研讨选修课。在教学中,我系统地阅读和比较了美国政治传播研究和中国现有的政治传播研究的议题,意识到虽然中国政治传播研究要学习国外的成果但国外的理论和议题与中国的现实有较大差距,所以探索性地加入了很多话题以及传播研究领域之外的文献,尤其是历史研究的文献。这个课开设了四年,后来因为教学科研任务比较重,个人的兴趣也有所转移,这几年没有再开。

2014年,我受邀到台湾政治大学传播学院给他们的两岸传播专业的硕士生开设"中国的传播制度"课程,在备课和教学的过程中,我感受到对于这么一个重要的政治传播问题大陆竟然没有可靠的系统研究成果,可见中国政治传播研究还有很多基础工作要做。

潘祥辉:我个人是在2008年读博士前后注意到"政治传播学"的。除了较早关注邵培仁教授的著作,当时主要还受到了新华出版社翻译引进的"西方新闻传播学经典文库"中的布赖恩·麦克奈尔的《政治传播学引论》一书(新华出版社,2005年)的影响。应该说,当时研究"政治传播"的人还不多,运用西方政治传播学的理论框架进行"中国政治传播研究"的人更是寥寥无几。2009年,我发表了《论政治传播的三大生态规律》(《当代传播》2009年第5期)一文,这是我的第一篇有关"政治传播研究"的论文。之后在2010年我又发表了《官僚科层制与秦汉帝国的政治传播》(《社会科学论坛》2010年第21期,《中国社会科学文摘》转载)一文,研究的重心逐渐转移到古代及当代的"中国政治传播"研究领域。

庞金友:我的主要研究领域是西方政治思想史。硕士、博士论文分别聚焦于当代西方公民社会与民主化关系理论、国家与社会关系理论。在阅读和写作中,我逐渐发现,公民社会的倡导者往往强调国家与社会间的良性互动,公民社会作为公民与国家的中介,扮演着组织和教育公民参与政治,改善国家制度和公共政策,推动国家的有效治理以及民主、自由、平等等基本价值的实现的重要角色。与此同时,国家在承认和尊重公民社会的独立性和自主性的同时,也为其提供外在的法律保障,对其进行必要的、有限度的干预、调节和支持。这意味着,公民社会作为一种中介力量和中间地带,蕴含着平衡与互动的精神,个人能够于其中调适角色意见、诉求自身利益、协调彼此关系。这其中含有深厚的政治传播的意蕴。因此,在写作《现代西方国家与社会关系理论》以及《当代公民社会与民主化关系的新解读》时,我就开始论及政治传播的作用与影响,并且尝试从互动与沟通的角度提供解释和说明。

近些年,我开始关注新技术革命对传统政治秩序、政治观念和政治文化的冲击和影响,其中,新兴技术引发的政治传播格局、方式与路径的革命性变迁是我重点思考的问题。随着信息技术的升级、互联网的普及和自媒体平台的发展,信息技术与互联网深度媾和、政治主体和经济力量多重互动,逐渐成为推动政治结构转型和民主政治发展的重要因素,同时亦是大变局时代的显著特征之一。一者,公民借助网络渠道和社交平台表达政治诉求,追求政治利益,已是政治生活的常态。二者,数字技术在现代政治和公共管理领域开发和应用的速度、广度和深度不断攀升,"基于数据的治理"渐成大势。因此,我结合自己对当代西方民主政治的长期关注,着重考察了信息技术在政治结构转型尤其是西方民主政治运转中的运用与影响,重点探析了以网络平台为媒介的新型民粹主义、媒介话语权的变迁、网络时代的"后真相"政治和身份政治等新兴现象。《政治样态与传播幻象:大变局时代政治传播的五大核心困境》《面对大变局时代的政治传播:革新、议题与趋势》《后真相时代竞争性真相的谱系与策略》等均是对上述相关议题的思考。

何晶:对于我个人来说,从事政治传播研究算是机缘巧合。我的学术研究是从媒介与社会阶层变迁起步的,在从事这一主题的研究过程中,自然会对"政治"这一重要变量产生关注。但因为我的专业是新闻传播学,对政治学是比较陌生的,所以从2008年起,有机会出国访学时我就会选择与政治研究有关的学术机构。在牛津大学当代中国政治研究中心和哈佛大学肯尼迪政府学院学习期间,我对于海外学术界如何解释政治对社会的作用有了更多的认识,由于自己的专业背景,对其中的媒介、新闻、传播、沟通等要素也自然产生了更多关注。同时,由于这两个机构都对中国问题抱有特别的关注,我也得以观察局外人的视角,发现"媒体""新闻制度"等是被经常提到的关键词。在威斯康星大学麦迪逊分校访学时,我旁听了 Political Communication 这门课,一方面对美国语境下的政治沟通机制有了相对系统的了解,另一方面也算是开始直接进入到政治传播这一研究领域。

2013 年,我当时所在的中国青年政治学院新闻传播学院正与人大新闻学院共建,时任共建小组组长的高刚老师提议成立两三个研究机构,凝聚力量,打造中国青年政治学院新闻传播学院的学术品牌,其中就有政治传播研究中心。我担任中心负责人,对政治传播研究领域的深入是必须的。此前我主要做媒介与社会变迁研究,虽然也涉及与政治传播相关的内容,但政治传播并非我的研究重心,并且当时国内新闻传播学界亮明"政治传播"这一概念的研究也不多,所以我从那时开始才算真正学习并研究"政治传播"。2013 年,我始开研究生课程"Political Communicaiton Studies",并将政治传播研究作为我的硕士研究生招生方向之一。

过去我做媒介与社会阶层变迁的研究时主要关注的是大众传媒在不同社会阶层如中产阶层、农民工阶层兴起的过程中起到了什么样的作用,其中媒介对于特定阶层诉求和利益的表达是重要面向之一。作为政治沟通第一步的利益表达,成为桥接我所做的媒介与阶层研究和政治传播研究的关键。随着新媒介技术的兴起及其对普通民众的传播赋能,我注意到了包括社会底层在内的普通民众在利益表达方面所发生的根本性变化(即"无名者的出场")及其对政治传播格局的结构性影响,将其视为全球范围内政治传播景观的重大变化。目前我个人的研究也主要是围绕底层/公众表达、技术与政治传播两大主题展开的。

问:在您看来,中国政治传播研究的学术史起点在哪里?以什么为标志?

谢岳: Political communication 是西方行为主义政治学的一个重要概念,国内学术界在 20 世纪 80 年代有一些介绍,所以对它并不陌生。但是,直到我写作政治传播相关著作的 21 世纪初期,学界对政治传播的介绍不仅缺乏系统性,而且缺乏原创性研究。俞可平教授以"当代中国政治沟通"为研究对象的博士论文可以算作凤毛麟角的原创性研究。

潘祥辉:中国政治传播研究的起点其实很难确定,这里面有一个"名"和"实"的问题。

如果我们将中国政治传播理解为中国政治体系内外的信息流通过程的话,那么对于中国政治体系内的信息流动及其媒介(如简牍、驿站、歌谣、公文奏折、党报党刊等)的研究,对于中国的政治宣传、政治教化、政治社会化的研究其实早在传播学引入之前就存在了,它们可能分散在历史学、政治学或社会学等其他学科中。如近代史学家顾颉刚(1893—1980)先生专注于民间歌谣、古史传说的研究,他写过《五德终始说下的政治和历史》(1929)等论文,揭示了中国的历史及传说如何受到政治因素的影响,进而提出了他的"古史层累说"。在我看来,他既是历史学家、民俗学家,也是一位了不起的传播学研究者,他从传说和传播的视角去考察古代的历史与政治建构,因此也很难说他的研究不是一种政治传播研究。当然,在顾颉刚先生研究古史的那个年代还没有"传播学"或"政治传播学"的说法,我们这只是一种"事后追溯",而且是从"实"的层面进行的一种追溯,当然,政治传播研究的历史或许还可以追溯到更早。

但如果从"名"的角度看,即从中国出现"政治传播"或"政治传播学"这一学术概念的时间算起,那么中国的政治传播研究可能要从传播学界出现冠以"政治传播学"的专著算起。在中文学术圈,第一本冠以《政治传播学》的专著是中国台湾学者祝基滢所撰,1983年在台湾三民书局出版。大陆最早的政治传播学专著则是邵培仁教授的《政治传播学》一书,于1991年在江苏人民出版社出版。我觉得这两本同名的《政治传播学》专著的出版可以被视为当代中国政治传播学研究及中国政治传播学学科建立的起点和标志。这之后,许静出版了《大跃进运动中的政治传播》①,李元书也出版了《政治体系中的信息沟通——政治传播学的分析视角》,这之后,以"政治传播"冠名的著作及研究慢慢地多起来了。学界对"政治传播"也不陌生了。

何晶:诚如潘祥辉教授所论及的,确定中国政治传播研究的学术史起点需要区分"名"与"实"的问题。若明确以"名"来划学术史起点,即使在21世纪10年代,国内新闻传播学界亮明"政治传播"这一概念的研究也不多,早期比较有代表性的专著有祝基滢所著的《政治传播学》(1983)、邵培仁教授的同名著作《政治传播学》(1991)、李元书教授的《政治体系中的信息沟通——政治传播学的分析视角》(2005)以及谢岳教授的《当代中国政治沟通》(2006)等,论文以俞可平教授1988年发表的《政治沟通与民主政治建设》《论当代中国政治沟通的基本特征及其存在的主要问题》《政治沟通透视》系列文章、李元书教授的《政治传播学的产生和发展》(2001)等为代表。但是,若以关注中国政治传播研究的核心议题这一"实"为标准,我个人认为还可以追溯到1936年林语堂的《中国新闻舆论史》。

史安斌:我认为对于中国政治传播研究的学术史起点,可以从两个面向来判断。

一是针对"中国政治传播"议题的研究。来自西方的"中国研究"学者、汉学家以及传播学者普遍早于中国学者对相关问题进行了探讨,但是不可避免的是,他们大多

---

① 徐静. 大跃进运动中的政治传播[M]. 香港:香港社会科学出版社,2004.

将中国政治传播议题视为西方普遍性意义上的“他者/特殊性”存在,具有较为明显的“中国谜题论”“中国例外论”倾向。

二是立足中国本土的,由中国学者所引领的,反思西式政治传播研究偏见和面向新全球化时代语境的政治传播研究。这一学术起点,即学界认为的“中国政治传播研究四十年”①的起点,可追溯到20世纪80年代左右,改革开放后,传播学进入中国。可以说,伴随着斯迈思、施拉姆等人访华,无论是美式大众传播学还是批判性的传播政治经济学等被带入中国,都促使了中国本土学者开始关注“政治”与“传播”之间的耦合关系,也加速了政治学与新闻传播学的融合。

刘海龙:中国的政治传播研究和美国的政治传播研究一样,是在政治学和传播学两个学科中分别孕育、相向而行、最后形成的一个研究领域。我对中国政治学术史的细节不是特别熟悉,不太了解政治学引介政治传播经历了什么过程。不过,从传播学术史来看,中国传播学因为是在新闻学下引进和开展研究的,所以比较注重大众传播和新闻现象,而这些内容基本上都属于美国政治传播的主要话题。或者可以这么说,中国1978年后所引进和学习的传播学,主要就是美国的政治传播学。传播学早期的奠基人,像李普曼、拉斯韦尔、拉扎斯菲尔德都是做政治传播研究的,公众意见、宣传和选举的效果都是政治传播的议题。后来为国内传播学界所熟悉的说服理论、两级传播、议程设置、沉默的螺旋、第三人效果等也都是政治传播里的经典理论。当然,由于缺乏政治传播这样一个学科意识或者领域意识,国内传播学界并没有深入思考政治传播的问题,只是一带而过,主要是大众传播效果和公众意见这两个话题涉及政治传播问题。

在有关国内传播学的一般介绍中,很早就提到了政治传播,但是也就是蜻蜓点水般提一下。从著作的角度看,我比较早看到的是李元书主编的《政治体系中的政治沟通》和谢岳的《当代中国政治沟通》。而在传播研究领域,1983年祝基滢就在台北三民书局出版了《政治传播学》一书,并且这本书在80年代祝老师访问大陆时被引入大陆。我在中国人民大学新闻学院资料室见到过此书,这是我个人见到的最早的政治传播学著作。这本书比较全面地介绍了美国政治传播实证研究的主要话题。大陆学者中,1991年邵培仁写的一系列传播学教材中也有《政治传播学》一书。这本书带有当

① 荆学民,赵洁.从“视界融合”到“学科建制”:中国政治传播研究40年学术检视与理论思考[J].现代出版,2022(4):14-26.

时大陆学者所写的传播学教材的一些特征,对全球范围内既有研究和文献征引得不多。谢岳虽然来自政治学,但是也在复旦大学的新闻传播专业深造过,也受到过传播学的影响。

问:早期的中国政治传播研究呈现出何种学术争议?

谢岳:我观察到的一个学术争议是在引介 political communication 这一概念时如何翻译以及如何理解。俞可平教授将 political communication 这个概念翻译为“政治沟通”,而我的两本著作分别将这个概念翻译为“政治沟通”与“政治传播”。就 political communication 这个概念本身而言,西方学术界主要把大众传媒当作政治与社会互动的一个主要平台,理论创造也主要是围绕两者之间的关系展开的。《大众传媒与民主政治——政治传播的个案研究》就反映了这种事实。我把 political communication 翻译为“政治传播”,正是考虑到西方学术界的研究取向。《当代中国政治沟通》不仅对 political communication 的概念进行了更加宽泛的定义,而且拓展了政治与社会之间的信息互动关系。将 political communication 翻译为“政治沟通”(国内政治学的著作大多采取此种译法)更能凸显政治学的特色,便于将政治与社会互动的平台从单一的大众传媒扩展到更多形式,比如政治制度。在《当代中国政治沟通》一书中,大众传媒只是中国政治沟通的平台之一,具有中国特色的会议制度、文件制度等也是中国政治沟通的重要平台。如果对这些平台视而不见,那么我们对政治沟通的理解就会很片面和不完整。

张昆:在我看来,早期之所以会有学术争议,可能是因为大多数学者都是以与政治传播相关的学术概念进入政治传播研究领域的,政治传播与这些学术概念之间有什么关联就成了值得探究的问题。

以我自己为例,我在2003年出版了专著《大众媒介的政治社会化功能》,从“政治社会化”这个视角开启了对政治传播的探索。这本书是在我的博士论文基础上撰写而成的,关于确立这个选题的动机,上面我简单提了一下,这里我再做一详细说明。我们都知道,大众媒介在政治社会化过程中,可以通过信息提供、意见表达、榜样示范和方向引导等方式,直接地影响个体政治知识的获取、政治态度的形成与改变、政治技能的强化以及政治行为模式的取向,促进个体更好、更快地适应社会,扮演政治角色,同时实现社会政治文化的传承与创新,维持政治系统的有序运行。由于大众媒介的出现,当代的政治社会化与传统社会的政治社会化大不相同。以前的政治社会化是在人与人之间"面对面"的交往互动中实现的，而今天的政治社会化高度依赖大众媒介，报纸、广播、电视成为公民政治社会化的主要渠道，它们不仅为人们提供了交流的平台和认识世界的工具，还以加速度的方式介入人们日常的政治生活，在反映社会生活的同时，影响着政治社会的变迁。[①] 鉴于以前政治社会化研究的重点主要集中于成年以前的儿童阶段，其对社会化渠道的关注也偏重于家庭、学校，因此这些研究存在着不少空白，没有完全描绘出政治社会化的全景图画。而新闻学者、媒介从业人员所关注的，主要是对路线政策的宣传和对权力的监督，大众媒介在政治社会化过程中的作用，不是他们关注的焦点。但是，如何看待和评价大众媒介与政治体系的关系问题，已经成为一个躲避不开、亟须回答的现实问题和学术问题。所以，思来想去，最后我下定决心聚焦和探讨大众媒介在政治社会化过程中的功能和建构路径，并注意从传播学的角度做出系统阐释，期待沟通政治学与新闻传播学这两个学科，展现一个全新的理论领域——政治传播学。《大众媒介的政治社会化功能》一书正是从这二者的关系出发进行书写的。

当然，所有这一切都建基于"政治社会化"的概念体系，概念梳理和界定工作乃著书立说之起点。在《大众媒介的政治社会化功能》第一章"导论"中，我专门就"政治社会化"的概念做了一般性探讨，并就大众媒介在政治社会化过程中的作用方式做了简要的描述。我以为，可以把"政治社会化"理解为政治体系利用多种渠道传播与创新主流政治文化以培养政治人的过程。在此基础上，可从社会和个体两个层面对政治社会化的含义进行分析。简单来讲，政治社会化就是人由一个单纯的人、自然的人向社会的人、政治的人转变的复杂过程。由于主客观条件的限制，人们无法事事亲身经历，也无法认识生活半径之外的世界，但工业化社会的特质又需要大规模的人员流动和信息沟通，所以依靠某种传播媒介提供的"拟态环境"来了解现实社会的变化并及时调整自身行为，就成为一种必然选择。而对于国家来说，要高效、合理地治理社会，也必须实现相关政治信息和决策在社会中的流通。正是在此意义上，大众媒介与政治系统具有紧密的关联性。我们说大众媒介在政治社会化过程中扮演着重要角色，这首先就表现在它影响着人们的政治态度、塑造着人们的政治人格，而作为一种结果，这又必然对政治系统的维持和变革产生影响。在政治社会化过程中，大众媒介既可能宣传和强化主流的政治价值，催生普遍的政治认同，促进政治系统的稳定运行，也可能通过持续

---

① 刘华蓉. 大众传媒与政治[M]. 北京：北京大学出版社，2001：21-22.

的信息传播,宣传错误的、颠覆性的思潮,为一个新的政治体系的出现提供舆论支持。当然,大众媒介政治社会化功能的最主要表现,莫过于倡导和维护特定的政治文化,而政治文化革命性变革的最直接结果就是政治发展。应该说,大众媒介从作用于人们的政治态度、政治价值、政治人格和政治行为方式着手,在此基础上,促进传统政治文化的革命性变革和新的政治文化形成,最终促进政治发展,这就是大众媒介的政治社会化功能。

另外,在书中,我还评析了大众媒介系统与政治社会化其他渠道的关系,主要是与家庭、学校、同辈群体的相互关系,进一步揭示了大众媒介政治社会化功能的特点:对象的广泛性与不确定性、不同媒介之间的交叉互补性、内容的多元性与单一性、影响方式的间接性、效果的快速性和持久性等。这些特点与大众媒介自身的及时性、开放性、公开性、客观性特征直接相关。而这些特征正是其他政治社会化渠道所不具备的,大众媒介渗入政治社会化的过程,可以弥补家庭、学校等渠道在实现政治社会化功能时的不足。但是必须指出,虽然家庭和学校这两大主体在当代政治传播中的作用日益减弱,但是它们仍然是公民开展政治社会化规范教育的重要空间,大众媒介永远也不能取代家庭和学校对于个体政治社会化的独特作用,而且相对于大众媒介,家庭和学校对个体的影响往往更为直接、稳固和深远。其实,在某种意义上,来自家庭和学校的政治熏陶和培养才是根本之道。

二、中国政治传播研究的理论进展

(一)中国政治传播研究的理论推进

问:就您观察,自引介"政治传播"这一学术概念以来,中国的政治传播研究有何进展或变化?

潘祥辉:自我关注政治传播研究开始,我感觉这十几年来,中国的政治传播研究不论是广度还是深度,都有了很大的进步。有越来越多的学者,而且是有不同学科背景的学者投身于政治传播学的研究,这一领域的研究可谓方兴未艾。从对西方政治传播学简单地引进和套用,到关注中国独特的政治传播现象,研究议题在不断地"中国化";从当代的中国政治传播学研究到中国古代的政治传播研究,政治传播史的研究也在不断丰富。现实政治、学术潮流和媒介技术的发展都对中国政治传播学的研究产生了明显而深刻的影响。

首先,媒介技术的发展给中国的政治传播研究打上了深刻的时代烙印。在中国,传统的政治传播研究以政治宣传为主,党报党刊、广播电视又是最为主流的宣传媒介,因此围绕这些传统媒介的宣传研究一度是中国政治传播学研究的主流。互联网兴起后,有关互联网与政治民主、政治参与,互联网与言论表达、公共领域,互联网与集体行动等的研究议题迅速兴起。大量的研究围绕着互联网对中国政治结构及转型的影响而展开,微博等自媒体的兴起更是推动了“网络政治学”等领域的相关研究。“微博反腐”“网络围观”“邻避运动”等许多互联网上的公共事件都成为中国政治传播学研究的显著议题。最近二十年来,互联网深刻地影响了中国政治社会的发展,也给我们的政治传播学研究提供了许多鲜活的案例。中国的政治传播学研究在这一重大的时代转型中没有缺席和失声。

其次,中国政治传播学的研究方法在这二十年间变得更加多元和实证化。传统的中国政治传播研究受主流的宣传观念的影响,没有太多的方法论意识,多属于一种思辨研究,摆事实、讲道理,比较宏观。但随着西方现代学术研究方法在中国的普及以及越来越多受过实证研究方法训练的学者加入,中国的政治传播研究在方法上越来越实证化。个案研究、比较研究、定量研究在中国政治传播学的研究中运用得越来越广泛,甚至实验研究的方法也有学者采用。随着网络舆论成为政治传播研究的重要对象,基于网络大数据的分析及可视化呈现成为政治传播研究中的重要研究方法。在这方面许多学者都做出了非常好的示范。事实上,这也是受到国外政治传播学及西方中国研究的影响。西方学者通常将政治学视为“政治科学”,西方的政治传播学研究也多建立在实证研究基础之上,这种研究取向也越来越多地体现在中国的政治传播学的研究中。中国学者发表在国外期刊上的政治传播学研究论文更是大多使用这种实证研究的方法。这种研究方法上的多元化是中国政治传播学研究领域中的一个明显变化,它推动了中国政治传播研究的深化和国际化。

最后,中国政治传播研究的“本土化”也是最近二十年来的一个显著的学术发展趋势。政治传播学虽然是一个舶来品,但引入中国后,肯定需要“落地”,和中国的社会、历史关联起来。在这种“落地”和“关联”中,政治传播学得以中国化和本土化。不论是历史上还是现在,中国的政治与西方的政治运作模式都有很大的区别。西方政治传播学研究的主要议题就是政党或政治领导人之间的“竞选”运动,但这种竞争性的选举在中国并不存在,因此中国的政治传播学研究只能从中国自己的历史和政治现实中寻找研究议题,像对“会议”“内参”“工作组”“读报组”“广播网”等议题的研究就是一种中国化的政治传播研究。在这方面有比较有代表性的学者,如刘海龙对中国宣传的研究,孙旭培、白文刚和陈谦等人对中国古代政治传播的研究等都是一种本土化的中国政治传播研究。我本人也在这方面做了一些探索,除了挖掘和阐释一些具有中国特色的政治传播现象,也致力于提出一些具有本土色彩的学术概念,如“传播失灵”“帝国悖论”等概念,来描述或解释中国的政治传播现象。

当然,除了上述三个方面,中国政治传播研究的变化和进展也反映在其他各个维度,难以一一尽述。如对中国政治传播学的学科体系的建构,中国传媒大学的荆学民教授及其团队就做了很多工作,也取得了很大的进展,大大地提高了政治传播学的学科地位和影响力。

史安斌:“中国的政治传播研究”的进展和变化,可用如下三个“后”进行概括。

一是“后西方”,开始反思西式民主制度和政治传播的缺陷。在所谓西式政治传播过程中,大众媒体承担着提供信息、保障民众知情权的重要责任。但2016年后,在重要政治事件中,欧美主流媒体显得力不从心,刻意迎合部分选民的诉求,跟风炒作社交媒体设置的议题,进而无力弥合社群分歧,致使“知情的民主”演变成“盲情的媒主”。既有的政治传播理论无法解释为何主流媒体失去了对大众的影响力,也无法解释主流民调为何会错误地预测政情变化。中国的政治传播研究注意到了这一“后西方”问题,开始尝试提供新的解释路径。

二是“后真相”,注意到在社交媒体平台时代新闻碎片化和假新闻等影响下的政治传播新变化。充斥于社交平台的“后真相”加剧了新闻舆论场的极化效应,在一个相对封闭的信息体系内,海量传播的“误讯”“谬讯”乃至“恶讯”主导了全球政治传播议题的走向及舆论生态。如何构建新的值得信任的信息传播机制和组织动员模式,成为中国的政治传播研究的一个新面向。

三是“后情感”。既有研究指出,受众选择转发虚假新闻,并不完全是因为缺乏了解信息的渠道,而是将其作为一种社会抗争的工具,以宣泄对社会现状的不满。社交媒体主导的政治传播出现了新的趋向,即情感的“聚合效应”超越客观事实的传播成为影响公众认知的主要因素。主流媒体逐渐“失语”,受众开始选择通过各种传递极端政治观点的“另类空间”获取信息,致使整个社会被情感和偏见切割成碎片化的“部落”,从而加剧了公共领域的进一步瓦解,继而动摇了民主政治赖以生存的根基。在此背景下,基于现代主义的经典政治传播理论已不能充分解释带有后现代表征的各类变化和演进,一场从理论和实践层面展开的以“情感转向”为表征的范式革命已箭在弦上,这是新兴的中国政治传播研究的又一着力点。

刘海龙:我之前有过观察,作为一个外来的学术概念,西方的尤其是美国的“政治传播”在解释中国现实时难以全面落地,在很长一段时间里都面临着研究对象的失焦(如我国是否存在西方意义上的“政治传播”)和研究方法的限制(如民意调查是否可行和有效),以及缺少基础理论积累等问题。

这个表面现象背后,其实有很多深层次的问题,比如中国的政治传播研究的目的是什么,研究者应采取何种立场、采用什么样的范式和角度等。

我比较欣赏社会学家米尔斯所提出的“社会学的想象力”命题,中国的政治传播的想象力也应该将个人的困境与整个社会的问题结合在一起,这样才能产生真正的学术成果。否则政治传播研究也很容易陷入政策注脚的显功能(默顿语)研究,或陷入自说自话、无法回应公众关注的问题和学术理论问题的困境。

我的初步观察是中国政治传播研究这个领域和中国的传播研究一样,领域或学科的发展快于理论成果的积累。经过近十年的发展,包括中国传媒大学在内,有不少学校成立了专门的政治传播研究所,并且每年召开多次有关政治传播研究的学术年会,也提出了一些关于中国政治传播的重要概念和判断。不过全球政治传播研究的成果引进得还不够,一些经典的著作与理论还缺乏介绍与研究,比如政治修辞研究、公众意见研究、宣传研究等方面的著作一直没有得到系统的翻译出版。此外,基于中国经验的理论创新和积累还不够厚,没有形成比较系统的中国政治传播理论,未能做到有想象力地解释中国的问题,当然也没法与全球政治传播理论对话。

我认为一方面要注重学科建设,另一方面也要吸取传播学发展的教训,[①]加强对西方政治传播基础理论的引进与深入理解,同时基于中国经验,进行一些自下而上的概念与理论的建构,在此基础上,逐渐抽象形成中国的政治传播理论。

庞金友:经过近四十年的发展,中国的政治传播研究边界越来越清晰,主题越来越鲜明,视野越来越宽广,内容越来越丰富,方法也越来越先进。政治学、传播学、新闻

---

① 刘海龙.重访灰色地带:传播研究史的书写与记忆[M].北京:北京大学出版社,2015.

学、公共管理学等学科的交叉融合越发深入,不同学科的学者经常跨界围绕网络政治参与、网络群体性事件、政府信息治理、数据治理等共同话题展开探讨。总体来说,中国政治传播研究的重点主要发生了以下变化。

第一,从重点关注以党和政府为主体、自上而下的政治传播结构和过程,转向关注以草根群体为主体、自下而上的政治传播格局和趋势。原本处于政治话语体系外围和边缘地带的普通民众,要么突破传统媒体的垄断,杀入话语权的中心地带,主动发声,积极作为,要么借助自媒体的多中心、去中心甚至无中心倾向,不断成长、壮大,俨然已是当代政治传播主体中当仁不让的活跃力量。在互联网时代,广大民众理论上的人数优势逐渐转化为现实的话语优势。虽然现在断言广大民众和自媒体已成功抢占政治话语权的核心地带还为时尚早,但民众与精英分享话语权份额,自媒体与传统媒体合力构建媒体格局,已是不争的事实。

第二,从重点关注传统新闻媒体转向着重讨论新兴媒体。过去的政治传播研究多围绕传统新闻报道、基于传统媒体的精英政治话语展开,但是随着传统媒体的式微和新兴媒体的异军突起,当前中国政治传播研究的重点在关注传统媒体新变化的同时,也开始转向围绕层出不穷的新技术、新媒体以及基于新媒体出现的新政治传播方式、话语和影响展开系统探讨。

第三,从聚焦"信息"转向关注"数据"。中国政治传播研究所涉及的学科不再囿于政治学、传播学等社会科学领域,计算机科学、网络工程等学科也开始与之相互交叉融合,数据成为政治传播关注的重点对象。君不见,人类正在大步迈进一个以互联网+、大数据、人工智能、云计算为表征的数字狂飙时代,随着数字技术在现代政治和公共管理领域开发和应用的速度、广度和深度不断攀升,基于数据开放、数据治理、数据安全、数字鸿沟、数字利维坦、算法规则的研究正在成为中国政治传播研究中的热点。

何晶:前面几位学者所总结的自引介"政治传播"这一学术概念以来中国政治传播研究的进展和变化,我非常认同。此外,我也观察到一个有趣的变化,就是越来越多的研究开始明确亮出"政治传播"这个概念,以"政治传播"为题名的研究也明显增多。包括在传统的中国新闻史研究领域,过去好像是不用这个概念的,但2017年赵云泽教授发表了一篇文章,名为《"传播"即"政治":"政治传播"视角下的中国传播史研究框架》。记得有一年我们组织"政治传播与社会发展"论坛,邀请了一位中国新闻史方面的专家来做主题演讲,有同仁说,新闻史跟政治传播没什么关系吧?其实,新闻史,哪里少得了政治传播的内容呢?只是过去人们不把那些现象放在“政治传播”这个概念之下来考量和讨论。

我们中国社会科学院大学政治传播研究中心(前身为“中国青年政治学院政治传播研究中心”)自2014年开始,连续九年组织召开“政治传播与社会发展”论坛,加上因为负责运营跟第一届论坛同步开设的“政治传播研究”微信公众号,我得以持续了解中国政治传播研究的前沿动态,我的确也明显感受到了中国政治传播研究的迅猛发展和稳中有变。近十年来,就“政治传播与社会发展”论坛接收论文的情况看,研究议题相对稳定,政治传播基础理论史、马克思主义与中国特色政治传播、政治传播与国家形象、政治传播与政治参与、政治传播与政治治理等议题贯穿始终,但最近几年,一个新的议题日渐明晰,那就是技术与政治传播。

就“政治传播与社会发展”论坛的主题拟定而言,我们比较注重对中国社会建设发展重心、国内外重大形势或本研究领域重要发展方向的观照,比如2022年论坛的主题是“数字中国建设与政治传播研究”,这是为了呼应党中央、国务院建设数字中国的战略方针。2021年值中国共产党百年华诞,第八届论坛即以“以史为鉴、开创未来:面向新征程的中国政治传播研究”为主题。第七届论坛以“计算科学、政治传播与国家治理”为主题,这是对计算科学在新闻传播学领域开始兴起这一变化的回应。2017年第四届论坛的主题是“全球化与逆全球化背景下的国际政治传播”,这是在征询了荆学民教授对当年中国政治传播面临的内外环境的看法后确定的。论坛主题的变化的确反映了中国政治传播研究的场景变化,而这也正是政治传播研究的起点和落脚点,政治传播研究必须回应现实问题,直面重大问题。此外,论坛尤其重视有关政治传播史论和方法的研究,因为这是基础,每届论坛都设有“政治传播史论与(方法)”专题。

谢岳:有一个现象还是很能说明问题的,就是具有传播学或新闻学传统学科优势的部分大学更加重视政治传播的研究。比如,中国传媒大学建立相关的研究机构,出版专题著作和论文集,开国内政治传播研究的先河。这是令人欣慰的举措。

(二)理论普遍性与中国特色

问:“政治传播”这一学术概念是从西方引介的,同时,它也是一个面向中国现实的学术概念,需要解释本土问题。对政治传播而言,西方化与本土化、理论普遍性和中国特色之间是一种什么样的关系?

张昆:不得不说,中西政治传播由于政治制度、历史发展以及文化环境等因素的差异,在大众传媒的政治属性、政治功能以及制度规范等方面呈现出不少差异,甚至在有些情况下这些差异还非常显著。我曾于2006年发表过一篇题为《大众媒介的政治属性与政治功能》的文章,考察了大众媒介的政治属性与功能问题。

在我看来,不论在资本主义社会还是在社会主义社会,大众媒介都摆脱不了政治权力范畴,新闻媒体最终的支配者都是该社会中占支配地位的政治力量和经济力量。只不过在资本主义社会中支配这种"社会公器"或"公共领域"的是资本的力量,在社会主义国家中则是执政党和政府。在这个意义上,我们可以说,资本主义社会大众媒介的政治属性直接表现为资本控制的"社会公器",而社会主义国家则表现为党性原则支配下的舆论工具和"灵魂工程师"。

谢岳:从西方引入的政治传播或沟通理论是基于西方的政治制度和媒体结构而产生的,它具有鲜明的地域与制度特色。因此,在将这些理论应用于理解中国政治传播或沟通的时候,创造性地再转换是非常必要的,生搬硬套一定会带来理论"水土不服"的问题。当我们试图处理好西方化与本土化、理论普遍性和中国特色之间关系的时候,对政治传播的本质、特点、结构与功能必须进行明确的甄别与界定。作为一种政治现象,政治传播从根本上受到政治和市场双重力量的共同塑造。

史安斌:从学术溯源角度来看,政治传播研究是传播研究的"元学科"。政治与传播的关系是传播学研究亘古不变的"母题",最早可以追溯到公元前六世纪的希腊,公共演说和政治修辞都可被视为早期民主实践的基础和政治传播的首要途径,这可从亚里士多德的《修辞学》和柏拉图的《法律篇》中窥见。修辞学,更为确切的命名应是"语艺学",不仅依然是政治传播研究中的一个重要分支,而且也是传播学领域中历史最悠久的亚学科。

作为一门学科,政治传播学直到二十世纪五十年代才真正形成了相对成熟的理论体系和学科范式,其兴盛与两次世界大战有着密切的关联。"代议制民主"是政治传播研究的前置性预设。熊彼得提出的"选举中心论",对于当前西方政治理论以及政治传播都产生了重要的影响。"议程设置""既有倾向假说"等大批经典的传播理论都是最早针对美国的选举活动所进行的实证研究。政治传播研究领域的"欧美中心主义"和"西方化"倾向非常明显。

随着二十一世纪的到来,中国等后发国家在政治、经济等领域崛起,我们开始逐渐认识到,需要建构“替代性”的理论框架来解释“盎格鲁－美利坚”范式之外的本土经验。我曾于《新全球化时代政治传播的理论重建和路径重构》一文指出,不同于当前主流“政治传播研究”的认知局限和西方中心视角,政治传播的活动早就在中国这片土地上出现,中国古代的政治制度和“天下”观,可谓中国政治传播的历史渊源与理论基础,这种制度和哲学理念都是西方政治传播学无法覆盖的本土经验。新中国成立后,通过政治传播的实践逐步形成的“革命话语体系”,对于当前中国的政治传播仍然具有不可低估的重要价值。作为动员型政党的中国共产党,形成了一套独特的社会动员机制,通过广泛的社会动员以统一思想、形成共识、促进新的政治议程的高效实施。过度追求所谓“西方化与本土化、理论普遍性和国别特色”是被构建起来的一种“学术迷思”——我们务必要打破“西方/非西方”二元框架,不能陷入“中国例外论”的陷阱,要回溯历史、植根本土、融会贯通,构建新的普遍主义的政治传播认识论与研究方法论。

刘海龙:西方化与本土化的问题是社会科学领域的老问题,在传播学领域也曾讨论多年。本土化作为一种号召或者一个目标也许具有一定合理性,但是在实践中不宜把中西对立起来。中国是全球的一个部分,任何关于中国的研究同时也是全球性的。反过来,任何国家的研究都是对当地经验的归纳与抽象,并不天然具有普遍性。沟口雄三讲的把中国作为方法,就是在全球语境中去理解中国问题,同时通过中国在地经验和理论的探讨,与西方理论对话。所谓普遍性、中国特色,只是一个事后的诠释,没必要成为一个先在的、束缚研究者的教条或者意识形态。而且由于人性相通,越是对当地经验的深描,其实越能够反映出超越当地经验的普遍性。所谓一粒沙中见世界,“越是民族的,就越是世界的”说的就是这个意思。作为具体的研究,我们要考虑的是概念与理论的创新与想象力,而这必须要放到全球的知识背景下才能够完成。

中国政治传播研究的主要困难在于如何既回应中国的问题又能够与国际政治传播研究对话。我可以用自己参与的研究举个例子。2016 年我在《国际新闻界》组织了一个“帝吧出征与网络民族主义”工作坊,许多学者(主要是青年学者)围绕着一个具体的事件和现象进行了不同角度的深入研究,这些成果也引起了国外学术出版社的兴趣,于是我们在这个工作坊成果的基础上撰写了 *From Cyber-nationalism to Fandom Nationalism: The Case of Diba Expedition*(Routledge,2019)一书。这个研究提出的“粉丝

民族主义”的概念,引起了国内外政治传播学者的兴趣。在美国任教的杨国斌老师也是这个工作坊的参与者,他建议五年后再对这个话题做一次探讨。于是 2021 年 4 月 23 日,他在宾夕法尼亚大学组织了“Cybernationalism in China and the World: Populism, Identity, and Symbolic Politics in the Digital Age”国际研讨会,算是对这个话题的第二波研究,参加过第一个工作坊的周逵和我都参与了这个会议的讨论。更令我意外的是,2022 年,韩国 Galmuri 出版社将 *From Cyber-nationalism to Fandom Nationalism* 翻译成了韩文出版(류하이룽 편저:《아이돌이 된 국가:중국의 인터넷문화와 팬덤 민족주의》,译成中文则为刘海龙主编:《作为偶像的国家:中国的网络文化和粉丝民族主义》)。在与韩国学者交流的过程中,他们提到韩国也存在类似的现象,而且中国的网络民族主义也引发了他们对于中韩关系未来走向的一些探讨。全球范围的民族主义与民粹主义的兴起,使得这一现象也超越了中国的特殊性,在内在逻辑上具有了普遍色彩。

这个例子说明,尽管中国的政治传播有很多特殊性,但从更一般的新媒体技术和全球民族主义、民粹主义的关系角度看,中国的政治传播还是可以做一些突破并与国际学术圈对话的。在这些具体话题的研究和理论积累的基础上,才能够做到系统研究与理论体系建设。

何晶:理论研究的普遍性与中国特色是我们学术目标的不同面向,二者同样重要,也是需要被同时观照的。具有普遍性的理论能够包容不同个体实践的差异性,能够反映事物最一般的规律,也容易为学术共同体所把握和理解。同时个体实践的差异性又是不容抹杀的,甚至是个体之所以成为个体的根本原因。相比传播学其他的分支研究领域,政治传播研究的对象的确比较特殊,受一国政治制度的影响很大,“本土化”特性更突出。在解释这样的社会实践时,对本土情境的深度分析尤为重要。概言之,“本土化”和“中国特色”是准确解释中国政治传播实践的基础,但同时,我们还应在此基础上寻找具有政治传播活动共性的要素,即发现“理论的普遍性”。

(三)不变的价值关怀

潘祥辉:是的,这二十年来,中国的政治传播学除了变化,也有其不变之处,体现在中国政治传播学者身上,就是对中国政治和中国社会的价值关怀,我认为这一点是始终未变的。可能受到中国传统士大夫文化的影响,中国学者实际上都在用自己的研究“关怀政治”,回应我们国家政治生活中的重大问题,为改善中国的政治及政治传播出谋划策。即便学者们研究的是历史上的政治传播现象，事实上也充满着现实关怀，这种价值取向是非常明显的。另一个不变之处，就是中国的政治传播研究深受现实政治场域的影响和制约。之所以如此，是因为中国的政治传播研究离政治太近，不能不受到现实政治的影响。这在与互联网有关的政治研究的诸多议题中体现得最为明显。十多年前，有关互联网与集体行动的研究十分兴盛，但在今天，这种研究已经很少了。不是说这一研究议题不重要了，而是研究的现实环境发生了很大的变化。“现实政治”这一常量，对中国政治传播研究的发展和走势的影响非常大。

三、中国政治传播研究的未来

（一）面向未来的中国政治传播研究

问：今天世界政治的秩序正在发生前所未有的变化，我们称之为“百年未有之大变局”，您如何看待这一背景下的政治传播研究？面向未来，我们应该构建一种怎样的政治传播理论？

谢岳：政治传播的理论发展因应于大众传媒的技术革新，从最初的报纸、广播、电视直到当下的互联网，传播理论的每一次重大进步都是与传播技术的创新息息相关的。因此，未来相当长的时间里，依托于互联网技术的数字媒体特别是自媒体应当成为政治传播或政治沟通的研究重点。但是，我还是坚持认为，媒体只是政治与社会互动的一个平台，能够维持或改变两者之间的关系，但是不能代替政治或社会。既不能低估也不能高估了媒体的政治作用。政治与社会关系模式的维持或变化还取决于其他力量，单单依靠媒体的力量是很难做到的。

就中国学者而言，不妨多关注媒体如何更好地推进社会与政治进步，把媒体当作一把改变中国现实的利器——改变人们的认知，塑造健康的公共舆论，改善政治制度的结构。从这个意义上讲，回归政治传播研究的传统议题，或许是学者们的当务之急。

潘祥辉：随着全球化的深入以及人类科学技术的迅猛发展，世界秩序确实正在发生前所未有的变化。一方面，全球化的整合性力量无远弗届，中国政治社会的转型离不开全球性的政治、经济和技术力量的影响；另一方面，全球一体化的趋势也激发了一种“反抗”和“对冲”的力量，各种各样的政治和文化民族主义在世界的各个角落滋生和蔓延。因此,福山在东欧剧变苏联解体之后所预测的"文明的终结"显然过于乐观且失之简单。而亨廷顿所断言的"文明的冲突"正在成为现实。在这样一种"整合与冲突"并存的世界政治格局下,我觉得政治传播学的研究是十分重要的,大有可为。现实世界的发展演变也给我们提出了许多新的亟待解决的研究课题。从美国政治竞选中的"推特政治"到各个国家之间的"战略传播",政治传播已然成为国家政治及国家间政治的重要组成部分。可以发现,美国的政治传播有美国政治传播的"玩法"和规律,中国的政治传播也有中国自己的特色和规律。提炼和挖掘这种规律性的东西是政治传播学研究者的重要使命。就中国政治传播学研究而言,我认为"比较政治传播"是十分重要的研究课题。即便我们要构建中国特色政治传播理论(这一点当然十分重要),这也要建立在比较研究的基础上。因为没有比较,也就无所谓特色。当然,这种比较不仅可以表现为在中国与西方政治体系之间进行一种"共时态"的比较研究,也可以将历史与现实相比较,进行一种"历时态"的比较研究。但不论何种比较研究,我们都需要尽量地保持客观,防止学术研究的"意识形态化"。意识形态化的政治传播研究,不可能建构出真正的政治传播理论。

史安斌:百年未有之大变局和百年未见之大疫情纵横交织,全球化走向了一个充满不确定性的"乌卡"(VUCA)时代。我曾重点关注政治传播研究的"行省化"趋势。破解"中国谜题""中国例外",正是推进政治传播研究"行省化"的一个有力的切入点。引入中国等"非西方"国家和地区的本土理论和在地经验,这是彻底破除西方中心论、从根本上推动政治传播的理论重建和路径重构的必然选择。所谓"行省化"并不意味着颠覆原有的理论和话语体系另起炉灶,而是在"人类命运共同体"的理念指导下,实现不同政治体制、文化和话语体系的交流互鉴,为推动人类共同发展提供理论指南和实践启迪。这既是中国政治传播学者融入国际学术体系的入口,也是政治传播研究理论创新、实现真正意义上的"范式革命"的开端。

此外,在"新全球化"时代,政治传播研究的理论新变应面对"技术—文化"语境变迁下更加复杂的挑战。一方面,互联网平台和社交媒体的出现,推动了信息流动的碎片化和网络化,对政治传播的形式提出了新的要求。我国党政部门如何适应社交媒体环境下的政治传播并在理论和实践层面加以创新,值得学者给予更多的关注。另一方面,在"后西方"背景下,中国的对外政治传播和国际传播也值得更为深入的考察。随着中国引领"新全球化"时代的角色和路线图日渐清晰,中国领导人倡议的"一带一路”和“人类命运共同体”理念在国际社会引发日益强烈的共鸣,如何讲好中国故事、提升我国政治文明对外传播的有效性,亦是中国政治传播研究亟待开拓的领域。

刘海龙:首先需要警惕的是,学术研究的逻辑与现实的政治的逻辑未必完全同步,世界秩序的变化和现实环境既有可能促进新理论的产生,也有可能阻碍新理论的产生。比如在传播研究领域,在目前这一新技术和新媒体最发达的时代,却未产生我们所期待的“伟大理论”。同样,中国学术思想最活跃的先秦和民国时期,恰好是政治最混乱的时期,而历史上一些大一统的政治稳定时代的学术成就反而没有那么大。

同时外部环境的变化受到短时段的政治和经济因素的影响,从中长期来看,当下的一些现象可能只是过眼烟云,追逐新事件、新现象、新潮流未必会带来理论的发展。作为研究者,既需要关注现实,也需要后退一步,从中层理论的视角来观察具体的现象。

对于中国政治传播研究来说,关键的是解放思想,既不拘泥于西方既有理论,同时也要和功利性的实用价值保持一定的距离。以具有想象力的方式,处理好学术研究与政治的关系、个人研究与团队研究的关系,从具体的政治传播现象出发,归纳出新的概念与理论,同时要积极地与传播学、政治学、社会学、历史学、文化研究、哲学等背景的研究者进行合作与对话,同世界不同地区的研究者进行对话,建构开放的、有学术含量的政治传播理论。

目前可能对中国政治传播研究冲击比较大的是传播技术的革新,媒介化带来了原有社会结构的变化,建立在大众传播基础上的传统政治传播理论面临着巨大挑战,除了大众媒体,各种新兴媒体上的多种传播形态都值得关注,尤其是人际传播、群体传播、人机传播,以及新兴的媒介物质性的研究,都可能带来提出新概念与新理论的可能。在媒介化的背景下,政治的媒介化与象征化会进一步加强,这给了传播学和政治学以新的视角观察政治与政治传播。

庞金友:当今世界正处于百年未有的大变局时代。这是一场涵盖政治、经济、文化、观念、技术的全方位、多维度、深层次的结构性变革。这场变革不仅冲击、挑战甚至部分瓦解了既有的政治格局,也在一定程度上激发、催生乃至型构出新型的政治样态。其中以极化政治、后真相政治、数字政治、视觉政治、AI 政治的迅速崛起最具代表性。时代规定政治,政治统摄传播,传播映射时代。这些新兴政治样态改变了传统政治传播的内容和形式,挑战了以往政治传播的路径和规则,引发了当前政治传播的困境和危机,也预设了未来政治传播的方向和议题,不仅成为当前政治传播必须面对的核心问题,也是面向未来的政治传播避无可避的关键议题。

因此,及时关注极化政治、后真相政治、数字政治、视觉政治、AI政治中的政治传播现象,考察这些结构性的政治变革对政治传播内容、形式、路径与风格的影响,分析政治传播对当前政治变革的推动或阻碍于当下就显得至关重要。同时,值得强调的是,要在关注前沿现象的基础上,深入挖掘与探讨前沿现象背后蕴含的经典政治和传播问题,只有参与对重大问题的讨论才能真正推动中国政治传播研究的发展。

何晶:"百年未有之大变局"是政治传播研究的时代机遇,提供了丰富的研究问题和研究素材,我们需要有所取舍,抓住那些最根本、最关键的问题,深入探索。像荆学民老师提出的"微观政治传播",就是抓住了根本性问题。面向未来,我们应该构建真正具有创新性的政治传播理论。

(二)新形态的政治传播学

问:在中国,"政治传播"被视为政治学、新闻传播学等多学科相互交融的研究领域。同时,近年来,我们一直在推进政治传播从"研究领域"向"学科"的转型。在您看来,从"政治传播研究"转向"政治传播学",需要实现何种跨越?

张昆:这些年我一直在推进新闻传播学科的创新性发展,政治传播学属于新闻传播学科的重要分支,我想新闻传播学科的发展对于政治传播从"研究领域"向"学科"的转型跨越或许有一定的借鉴意义。具体来说,我认为可以从以下四个方面去推进。

第一是加强顶层设计,认清校情、尊重传统、明确定位。要建设好学科,首先就得明白其置身的平台和内外环境,依据目标定位,因地制宜。政治传播学也是如此。政治传播的学科建设要借助学校的平台,要尊重学校的办学传统和文化精神,其学科的发展思路应该契合学校的目标定位。在这个基础上,才能为自己的发展做出科学的谋划。

第二是有目标导向,达成共识、凝练方向、优化布局。学科建设的要义,在于以整合平台学术资源为基础,凝练学科方向。为此必须在共同体内部形成共识,达成一致。学科负责人应该高屋建瓴,在战略的层面描绘愿景,引领学术队伍达成共识,将学术资源集中于富有潜力和发展空间的学术方向。

第三是优化资源配置,完善制度、盘活资源、突出重点。要推动学科建设,需要解决制度问题。在科学研究方面、科研与教学方面、行政事务与学术事务界限划分方面精进改善。制度完善了,学科建设才能顺利展开,优秀人才才能脱颖而出。制度的完善,重在激活资源的潜力和合理地分配资源,依据学科发展的目标定位,突出重点,把有限的资源投入最需要的地方和最能带动学科整体发展的地方,促进学科建设的良性循环。

第四是提升能力、稳定队伍、提升平台、改善环境。一流的学术队伍不仅要有顶尖的战略科学家,更要有大量优秀的青年才俊作为梯队。一方面要广纳贤才,引进一流的学术英才,尽快充实学科建设的队伍;另一方面,还要盘活人力资源的存量,培养学科发展的支撑力量。

谢岳:政治传播是一个信息互动的平台,是一个政治与社会互动的平台。我更倾向于把政治传播当作一个领域,而不是一个学科。政治传播的兴起和发展已经向我们展示了一个事实,即传播学理论是由其他学科提出来的,包括政治学、社会学、心理学等。我们应该尊重这个事实。

史安斌:"研究/学科"的二元分野其实并非界限清晰。诸多人文社科领域的分野,都存在或多或少的"中间地带"。从广义的区分来看,"研究"相对泛化,"学科"更强调概念、范畴与理论知识的边界与相对独立性。展望中国政治传播研究的前沿与未来,跨学科交汇甚至是"全学科"融合一定是其发展的大势。从"政治传播研究"向"政治传播学"的过渡与升级,应该追求的是这一理论范式的成熟、知识结构的完整以及解释效力的提升。我认为至少可从"理念升维"和"实践转型"两方面进行思考。

首先是理念升维,应当克服传统"西方中心论"政治传播研究的偏颇,以平台世界主义为理论基点,关注更多"全球南方"新闻舆论与国家治理能力现代化转型、社会媒体平台传播与全球治理之间的互动关系;以全球传播、跨文化传播、公共外交、危机传播、国家品牌行销等前沿领域为知识营养,逐步实现新全球化时代"政治传播研究"向"政治传播学"的理论升维。其次是实践转型,需要在相关学术研究和学科建设过程中,运用好历史唯物主义和辩证唯物主义方法论,以高校和研究所为牵头单位,与政府部门、智库机构和媒体平台等展开深度合作,不断完善教学培养与科研体系,培养有全球视野和家国情怀的政治传播研究人才,这都是实现"政治传播研究"向"政治传播学"的跨越的有效路径。

潘祥辉:政治传播研究确实是一门跨学科的研究,从其提出到今天,其实历史并不是很长。政治传播研究能否跨越性地成为一门学科即"政治传播学",我个人觉得是没有问题的,它有足够的学术空间和延展度。很多学科的发展其实都经历了这样一个过程:先是在学术领域被提出来,并获得认可,随后在大学课程体系或专业体系中成为一门课程甚至一个专业,由此获得合法性。其实“传播学”的合法化也是如此。因此,“政治传播学”课程的开设甚至专业的设立,我觉得都是顺理成章、水到渠成的事情。目前,包括中国传媒大学在内的很多高校都设立了“政治传播学”的课程或专业,这是一件非常好的事情。随着媒介技术的发展和普及,传统的政治正日益被大众媒介尤其是互联网影响和中介,变成了一种被研究者描述的“媒介化政治”,这种“媒介化政治”或“居间政治”今后只会越来越常态化。因此,政治传播学的研究会有巨大的发展空间。当然,一门学科的建立也不是一朝一夕的事情,它需要建立自己的学术领地和学术威望,不能仅仅依靠学术体制的加持,更需要获得学术共同体的认可。因此,我们亟须加强这一领域的学术研究,从历史、理论到实务,都要加强,也需要更多的学者投身于这一学科的研究。从目前来看,我们尚需进一步厘清学科研究的边界、建立核心的学科理论和学术话语,使政治传播学能够在政治学和新闻传播学的交叉地带拓展出一块自己的学术园地。我个人认为,“政治传播学”的“学”应该被理解为“科学”或“学理”,而不是“术”。政治传播是政治体系不可分割的有机组成部分,它是客观存在的,这构成了政治传播学的研究对象。而如何进行“政治传播”或进行政治宣传,这是一个“术”的层面的问题。政治传播学的研究也好,人才培养也好,应该更多地着重于“学”,而不是“术”,这可能也是政治传播学区别于政治营销或政治宣传的不同之处。“学理性”也应该是政治传播学成为一门独立学科的重要支撑。

刘海龙:政治传播是政治学与传播学交叉所形成的领域,它注定是一个十字路口。作为一个研究领域,有利于它保持开放性。在当今中国的教育管理体制下,建立学科有利于争取学术资源,但是也有弊端。近年来全球学术界均在反思学科建制的问题,建立超越学科的“后学科”的呼声越来越高。就以传播研究来说,其尽管在中国的学术体制下成了学科,但直到目前仍然未能符合学科的标准,在社会承认与社会贡献方面仍受到质疑,学术泡沫比较多,名与实之间存在距离。

学科化应该是一个自然而然的过程,在我看来,有两个条件必不可少:一是积累大量有影响力的学术成果,二是形成有高度认同感且高素质的学术共同体。目前政治传播已经在上述两方面打下了相当好的基础,但是在社会承认和贡献方面仍有相当长的路要走。我个人认为,能够被官方承认为学科固然可喜,但也不必急于求成,若短期内达不到这个目标,也不见得是件坏事,这反而给了中国的政治传播研究更充分的时间寻找自己独特的定位与方向。

庞金友:政治传播研究是政治学、新闻传播学、公共管理学等多学科相互交融的研究领域,随着信息技术的不断升级和政治传播研究的深入发展,计算科学、心理学等更多学科也与之交叉。可以说,其一,政治传播领域一直是一个充满生机活力的研究领域,对于经典的政治、传播问题和前沿、热点的现象都能够从政治传播的视角予以讨论;其二,政治学、新闻传播学仍然是政治传播领域中的两大主力学科,这两大学科的学者常常就同一问题展开讨论,其他学科多是作为背景、视野或者方法被运用其中;其三,由于学科背景差异,不同学科的学者所关心和讨论的问题虽有所重合,但是其所运用的基本概念、借助的理论范式、采取的研究方法、形成的研究风格仍有明显区别,有待进一步融合。

从目前的基础来看,推动政治传播从"研究领域"向"学科"转型和跨越,需要注意以下几点。

首先,要进一步展开对政治传播基本概念、基础理论和研究方法的提炼和挖掘。一个学科之所以成为学科,是因为其具有独特的、有别于其他学科的概念体系、理论范式和研究方法,而无须依附于某个学科、无须借助其他学科的概念和理论才能展开研究。

其次,要进一步增强政治传播学对当代中国重大理论和现实问题的回应性、解释力和前瞻度。新时代的政治传播学既不是现代政治在传播领域的技术性应用,也不是当前新闻传播的政治性解析,而是要形成对中国特色社会主义、中国式现代化、国家治理现代化、全过程人民民主、国际政治传播等重大理论和实践问题的独特阐释和系统分析。和其他学科相比,要做到人无我有、人有我全、人全我新。

再次,要进一步加强政治传播学的师资队伍建设。师资队伍是学科发展的龙头。实力雄厚、结构优良、视野开阔、积极进取的教研团队是一个学科发展壮大的核心力量。近些年,中国传媒大学的荆学民教授培养了一大批具备多种学科基础、掌握大数据等现代技术且以政治传播研究为专长的优秀学生,这就为中国政治传播学科的师资储备奠定了坚实基础。

最后,要进一步加大建设学科平台和学科阵地的力度。例如,荆学民教授率领他的团队通过举办两年一次的"中国政治传播论坛",创办《中国政治传播研究》辑刊,有力地推动了政治传播学与其他学科的交流和互动,促进了学科特色的凝练和学科成果的传播。中国社会科学院大学的何晶教授也连续策划、主办了九届“政治传播与社会发展”论坛。这些都是中国政治传播学学科平台和学科阵地建设的重要探索和标杆典范。

何晶:一个学科的建立,需要有几个基本要素:特有的研究对象和研究问题,特有的理论和方法,核心课程和教材,一个边界较为清晰的学术共同体。“政治传播”由领域到学科,最大的挑战恐怕是在“特有的理论和方法”上,可谓任重道远。

(采访者苏颖系中国传媒大学政治传播研究所副所长、副教授)

学术回应

感怀与思考:对于“访谈”与“笔谈”的综合学术回应

◇ 荆学民

感谢俞可平教授、邵培仁教授、李元书教授、张昆教授、谢岳教授、史安斌教授、刘海龙教授、潘祥辉教授、庞金友教授、何晶教授接受我们的访谈与笔谈邀请。你们的真知灼见,成就了本次中国政治传播研究的回眸、审视与展望的理论之旅。这其中有珍贵的历史回忆,有肯定与建议,有疑惑与批评,不论是以上何种观点,整个编辑部都深受触动,倍感振奋。

我想我也有必要在此进行一次严肃的综合回应,以学术回应学术,才不至于辜负各位同仁好友的这一番大力支持。我的回应将从两个部分展开:一是访谈与笔谈中凸显的一些重要学术争议和学术焦点,我将其精炼成“五大关系”,围绕这些关系进行理论上的厘清与回应;二是我也希望借此机会回顾我研究政治传播一路走来的片段性的“心路历程”,并希望这些体悟能够与各位同仁的心路历程有所呼应。

一、中国政治传播研究中的五大关系

(一)传播、沟通、宣传、交往——基石性概念之间的关系

从诸位好友同仁的访谈与笔谈内容来看,一个比较突出的困惑是——我们研究的

东西究竟是什么？是目前正在使用的关键概念"政治传播"，是政治学最初引介的"政治沟通"，还是一个传统的概念"政治宣传"，甚至是哈贝马斯式的"政治交往"？通过俞可平、邵培仁、李元书，包括张昆、谢岳等教授的回忆，我们可以看到，这些疑问在中国政治传播研究的起步阶段就开始"飞"，大家的疑问都是从这里开始的。这恰恰说明，这几个概念是中国政治传播研究的最原始的概念，我把它们理解为这个学科领域的"基石性概念"。

俞可平教授指出，当我们使用"传播"而非"沟通"或"交往"时，对于"政治传播"的理解着重于"新闻学偏向"，而使用"沟通"或"交往"时，其哲学意义和政治学意义更强。李元书教授特意区分了"具有政治传播意义的政治沟通，与作为政治系统输入、输出的工具的政治沟通的区别"。谢岳教授还指出，这两种理解还涉及"中""西"对于"political communication"的理解的区别。与西方学界主要将政治传播这个领域置于"媒体"中相比，中文语境对"political communication"的理解显然更加宽泛，是指"政治信息从官方到民间、从上层到基层的传输"或者"政治与社会之间的信息互动关系"。

我非常同意三位教授对于这个概念的比较以及相关含义的解释，确实，"传播""沟通""交往""交流"在英文中都可以使用"communication"，但是在中文语境里，它们所指向的意义是非常不同的。

"政治传播"进入中国，如何发展出原创性理论解释？非常重要的一点，就是要建立具有普遍性价值的理论体系。也就是说，中国政治传播研究的理论，不仅要能解释中国的情况，也要能解释西方的，反之亦然。亦即，我们期待的学术是面向中国现实的解释，但又不仅仅是"中国特色"的解释，而应当是具有普遍意义的解释。在这样的关怀之下，我对于"政治传播"的理解是"广义"的，将其界定为"政治传播是政治共同体内和政治共同体间的政治信息的流动"，这样的理解能够包含政治沟通、政治宣传等含义。我曾经在"政治传播的三大形态"①的研究中，对于以上"基石性概念"及其之间的关系进行了明确厘清。

我将"政治传播"区分为三大形态：政治宣传、政治沟通与政治营销。其中，政治宣传是推展政治理想的政治传播形态，意味着政治生活中主体与受众的"主客之分"；政治沟通与之相比较，放低了传播主体的"身段"，更侧重于寻求受众的共识；政治营销是在竞争更为激烈的民主环境中，多元的政治主体对权力的争夺，是政治沟通的发

---

① 荆学民.政治传播活动论[M].北京：中国社会科学出版社，2014：250-302.

展,但在内在逻辑关系上,又有对政治宣传的“否定之否定”的“升华性”回归。更为具体的论证,读者们可以去查阅我的著作中的相关章节。总之,在我看来,政治传播与政治沟通、政治宣传,甚至政治交往,并不是非此即彼的、竞争性的概念关系,而是需要以“政治传播”来统筹的不同形态、不同政治意义的政治传播类型。这也说明,中国政治传播研究要建构普遍性理论,对于“政治传播”的理解,就必须取宽泛含义,一方面超越西方的媒体中心主义和竞选中心主义,这样对于中国政治传播现实才有解释力;另一方面,也要通过普遍性理论的建构,将西方政治传播的研究精华引入中国,在理论与实践中推进中国政治传播的发展。

(二)权力、媒介、受众——研究对象之要素间的关系

不论是作为研究领域,还是作为一个正在成长的学科,中国的“政治传播”都需要一个明确的研究对象。在西方,这个明确的研究对象是媒体(media),以及围绕着媒体而形成的政治体系、公民之间的关系。那么,对于中国来说,这个明确的研究对象是什么?我想,我们也可以用抽象的思维去思考这一问题。

著名政治学者同时也是政治传播研究奠基者的哈罗德·拉斯韦尔(Harold Lasswell)在其著作《政治学》中,用一种颇为现实主义的态度,将“政治”解释为“谁得到什么?何时和如何得到?”。也就是说,在他看来,政治是精英(权势和权势人物)与群众之间的价值(尊重、收入、安全等)的分配问题。[①] 如果再将“传播”要素引入,政治传播研究的核心要素实际上就非常清楚了,它们是政治权力(即精英)、受众(即群众)以及二者之间的“媒介”。为什么会加“媒介”?因为我们当前的社会已经是“媒介社会”,人与人之间的交往不像传统社会那样以面对面的形式进行,很多时候我们必须通过中介进行社会交往。从传统的大众媒体到现在的新兴媒体,如互联网,实际上扮演的都是“中介”的角色。从最抽象的角度讲,这三个要素是政治传播的最核心的要素,所谓核心,意味着去掉这三个要素中的任何一方,都无法成为所谓的政治传播。权力、媒介与受众,构成政治传播的核心要素,这一点在中西方是相通的,是符合理论普遍性要求的。

同时,一个学科的研究对象不仅涉及要素,还涉及要素之间的关系,亦即结构问题。如果我们将政治传播理解为政治共同体内和政治共同体间的政治信息的流动,那

---

① 拉斯韦尔.政治学:谁得到什么?何时和如何得到?[M].杨昌裕,译.北京:商务印书馆,1992:3.

么,从政治学的核心研究对象来说,我们可以把这里的“政治共同体”替换成“国家”。不过,注意,从理论普遍性的追求来看,这里的国家是“大国家”,是包括社会的国家,不是相对于社会的那个“小国家”。范畴最大的“政治共同体”,不仅包括国家,也包括社会。这是中国政治传播研究可能需要接受的哲学设定。

从这里起步,我们将作为一个学科的政治传播划分出了三要素,据此可以区分不同的结构。由于西方是小国家的政治体制,政治是竞选型政治,其媒介体制是相对独立的,因此它们将媒介放在比较重要的位置上。或者说,在政治传播领域,他们认为媒介起着核心的作用,媒介是政治信息的发源地,媒介是“先”,政治是“后”,政治权力是可被媒介控制的。而在所谓中国特色的政治传播中,媒介被视为“喉舌”,是“工具性”的,因此,政治是“先”,媒介是“后”,或者说是政治权力的延伸。媒介与国家是一体的,这两个要合起来,另一边是受众。这个特点,在西方学界看来,就是“政治宣传”的样子。我们必须承认,中国的政治传播以“政治宣传”为基点和主轴,这种媒介、政治权力与受众之间的关系在本质上没有变化。媒介没有自己的独立性,没有办法产生最原始的政治信息,它所传递的政治信息是权力所赋予的。

尽管中国的政治传播以政治宣传为基点,但是又不完全等同于政治宣传。从政治发展的目标来看,我们既要超越西方的以媒介为中心的“三边”的政治传播,也要超越没有独立媒介的“两边”的政治宣传。那么,这个东西是什么?我想,我们所追求的权力、媒介与受众之间的关系也是三边的,且三者之间是彼此独立、相辅相成的。媒介就是媒介,我们不能赋予媒介太多的价值意义,媒介就是一个传播信息的中介,它既可以把信息从政治主体传播给受众,也可以反过来把信息从民众传播给权力。这三者之间相互平等的、独立的传播形态才是我们追求的目标。

中国的政治传播现状也许是不完美的、有缺陷的,但其实,西方的权力、媒介与受众之间的关系也同样有问题,例如,西方的媒体也可能被政治权力或资本权力渗透,所以它也并不像自己所标榜的那样是完全独立的。只是,我们必须承认,西方媒体自身的权力是比较大的。中国的情况与之不同,但是,我们与西方仍有共通的地方。找到这个共通之处,在一种普遍性上研究三者之间的关系,以及三者之间的运行规律,这才是政治传播“学”的研究目标。

(三)从政治传播理论到政治传播学——理论与学科的关系

我们在这次的访谈与笔谈中追问了专家们一个问题:“从‘政治传播研究’迈向

‘政治传播学’,需要实现何种跨越?”当然,对于这种转型,有些专家表示支持,提出了诸多有建设性的建议;有些专家则认为时机还不够成熟,对此表达了担忧。我对于这两种意见,深以为然。只是,恐怕对于我们来说,面对的已经不是“要不要转”的问题,而是中国政治传播研究发展至今,“学科化”已经成为摆在眼前的一条比较明晰的路。

从一个学科形成必备的基本要素来看,按照历史与逻辑的顺序,首先应是这个学科的研究对象的独立性及其确定性。德国哲学家康德当年就“学科的标准”指出:“如果想要把一种知识建立成为科学,那就必须首先能够准确地规定出没有任何一种别的科学与之有共同之处的、它所特有的不同之点;否则各种科学之间的界线就分不清楚,各种科学(中)的任何一种就不能彻底地按其性质来对待了。这些特点可以是对象的不同,或者是知识源泉的不同,或者是知识种类的不同,或者是不止一种,甚至是全部的不同兼而有之。一种可能的科学和它的领域的概念(的确立),首先就根据这些特点。”①也就是说,学科建设还可能关涉人才培养、教材建设、学术共同体培育等问题,但是,最为核心的仍然是一个独立的、与其他学科彻底区分开的清晰的研究对象和研究领域。

关于这一点,在很长时间里我都认为中国政治传播研究提炼得不够清晰,因此从“理论”到“学”的升级是不成熟的。一方面,由于政治传播内涵的特殊性,其要么被规限于“政治学”,要么被规限于“传播学”,而作为具有完整独立内涵的“政治传播学”尚未充分地确立,换而言之,其并未形成清晰的研究对象和研究领域。另一方面,从政治传播的理论基础、研究范式、研究方法、基本原理、基本规律、普遍结论来看,我们至今未能形成一个得到共同认可的、具有经典意义的“政治传播学”。不过,这些年来,中国政治传播研究的整个学术共同体确实一直在朝这个方向努力,政治传播学界对建构一种超越西方政治传播学理念的、更具普遍知识形态的“新形态政治传播学”有着共同的诉求。

构建中国的“政治传播学”具有很大的难度和挑战。西方的政治传播学和政治传播实践是建立在西方选举民主的政治背景之上的。这也就决定了西方与中国存在迥异的政治社会基础。因此对于西方的政治传播理论切不可简单地“拿来”,中国只能生成基于中国特色政治传播实践的、同时符合新时代政治社会发展要求的、具有本土化和时代化双重特征的“新政治传播学”。换而言之,我们要将中国的政治传播理论

---

① 康德.任何一种能够作为科学出现的未来形而上学导论[M].庞景仁,译.北京:商务印书馆,2017:15.

上升到“学理”的层次和境界,赋予理论普遍的解释力和抽象的概括力,即不仅局限于解释和指导中国政治传播实践,同时也要涵盖和囊括西方世界乃至全球的政治传播实践,这是一种宏大的“学术野心”,同时也是构建中国特色哲学社会科学体系的必然要求。

具体而言,我们要做到三个层次:第一,要注重把基于中国政治传播实践的政治传播智慧升华为一种具有普遍意义的知识形态,并将其融入“新形态政治传播学”的学科体系之中;第二,要突破长期占据主流地位的“西方政治传播学”把研究对象固化在所谓“竞选性政治”和“媒体独立”之内的理念困局;第三,要将传播技术的迅猛发展以及新时代人类政治秩序的剧烈变革对政治传播诉求的“现实”,抽象为具有解释力的“知识范式”,并将其融入“新形态政治传播学”的“学理”之中。

有几个与之相关的好消息与大家分享:一是2022年由我负责的课题“新形态政治传播学学科体系建构研究”获得2022年国家社科基金重点项目立项;二是中国人民大学出版社即将出版由我著述的《新政治传播学》,有兴趣的朋友届时可以继续与我就“新政治传播学”进行交流与讨论。

(四)政治与传播视界融合——基础研究范畴的关系

我始终强调,对于政治传播的研究,必须打破政治学、传播学以及相关学科之间的学科壁垒,从二者“视界融合”的角度来推进。政治传播不是“政治或传播”“政治与传播”“政治加传播”“政治跨传播”等,“政治传播”就是政治传播,“政治传播”是“元概念”,在这个前提基础上,我们去探究政治传播的研究对象、基本范式、基本命题、基本原理以及基本规律,建构一个前提可靠、内涵稳定、边界清晰的政治传播理论体系。

这意味着,我们需要在哲学上,从政治与传播“同一”的深度把握政治传播。所谓“同一”,意味着在政治传播中“政治即传播”“传播即政治”。政治是做什么的?按照霍布斯的契约论观点,个人让渡权利建立“国家”这种“利维坦”,是为了建立秩序。因此,政治最本质、最原始的功能就是建立社会秩序,给社会以确定性。而传播是做什么的?按照施拉姆的观点,传播的本质也是降低不确定性,也是给社会以稳定性。这是政治与传播“同一”的最深根基。“政治”与“传播”“同一”在给社会以稳定性、确定性,二者合二为一、无缝融合。因此,当我们追溯政治传播的最原始的功能时就会发现,其亦是如此——在不确定性中给社会以确定性。

这对于目前极度不确定的全球政治现实来说，是意义重大的。“百年未有之大变局”的深刻意涵，就是说人类社会已发展到目前这样一个不确定、不稳定的状态。但是，环境越不稳定，就意味着稳定越发珍贵。就此而言，中国共产党二十大的胜利召开的最重要的政治意义是对国内定调，告诉我们未来做什么。据此而言，党的二十大对世界的意义在于：在目前这个极度不确定的全球社会中给世界以确定性。因此，未来我们政治传播需要做的，是通过实实在在的行动，通过改革开放，通过政治传播，将这种确定性传播给全球社会。

当然，从哲学上讲，人们在现实中必然处于一种不确定性之中，因为自然是不确定的，未知的世界很大很广阔，人类社会发展本身也是不确定的。但是，人类社会的发展方向，可以给人们带来一种确定性，让我们有一个确定的理想目标。这并不意味着人类只有一种可能性，而是我们“相信”我们有发展的可能性，这种方向感将带给人们以确定性。

以上回答，也是我对“如何看待‘百年未有之大变局’这一背景下的政治传播研究”“面向未来，我们应该构建一种怎样的政治传播理论”这两个问题的回应。

（五）科学与哲学——研究方法的关系

政治传播研究在西方以实证性的定量研究为主流，近年来，中国政治传播的定量研究也有了比较大的进步。不过，我始终认为，中国的政治传播研究，不能缺少哲学思维。这涉及科学与哲学的关系。其一，科学是确定性的研究，但哲学是确定性与不确定性结合的研究。所谓辩证研究方法，讲的是一个东西可以是什么，可以不是什么，而且这种分析通常是两面的。这种思维方式对于理解现实是非常重要的。其二，科学的研究是具体的研究，哲学的研究是抽象的研究。科学研究需要放到具体的情境里，在具体的研究条件这一前提下去研究。但是，哲学研究可以超越具体情境，是普遍性的研究。由于科学研究是对一个具体对象的研究，因此这种研究得出的结论是正确的、是有效的，但是未必能够放大成一种普遍性的原理，去适应另外一个事项或者另外一个具体的对象。这是这类研究的局限性。

中国的政治传播研究是需要哲学思辨的，只有这样才能上升到普遍性的高度、学理性的高度，甚至升华到最高级别的“知识”的高度，从而形成真正意义上的“政治传播学”。

二、我对中国政治传播研究的心路历程

2008年我来到中国传媒大学,选择了在“传播学”下申请“政治传播”研究方向,当时它还是新的学术领域。思想酝酿和理论准备2年之后,2011年,我申请的国家社科基金重大项目“中国特色社会主义政治传播的理论体系研究”获批,从此开始了正式研究政治传播的学术生涯。

到我写这篇“心路历程”的2022年,10年间,我先后连续性地申请到国家社科基金重大项目1项、重点项目2项、一般项目1项;主编出版了“中国政治研究学术丛书”“政治传播前沿书系”这2套包含14部著作的大型丛书,其中我个人著述了3部;发表了政治传播研究学术论文200余篇;主编了辑刊《中国政治传播研究》5期。虽不能自诩“成果丰硕”,但也算得上倾心倾力、专注一隅。总结10年来我对政治传播的研究,可以用“跑马圈地——深入腹地——收获阵地”来形容。

2008年之前,我一直在做哲学层面的“信仰”理论研究,那时的我对“信仰”的研究也是在国内学术界有一定影响的。在研究“形而上”的宏大哲学问题之余,我也在思考“形而下”的实践问题,即人的思想何以被改变和影响。很显然,“传播”是一个重要的途径和手段。而在“传播”的诸多领域中,“政治传播”对人的整个思想体系的影响最具根本性,对社会发展的影响也更为重要。而当时在国内,甚至到现在,政治传播还尚未完成“学科化”的任务,或者说政治传播尚不能被称为一门“学科”。在当时,互联网对于政治传播的挑战和重构已经初现端倪,“如火如荼”的政治传播实践与“荒芜贫瘠”的政治传播理论之间的巨大落差,促使我转职于中国传媒大学,从较高起点上开启了中国政治传播研究的跋涉之旅。

我对“政治传播”研究的“前提设定”或“前提批判”是哲学式的,或者说是马克思主义哲学式的。世界上的哲学理论林林总总,但是在我看来,马克思主义哲学确实是具有独特世界观、历史观和方法论意义的。这并不是我们中国确立了马克思主义在意识形态中的“指导地位”使然,而是在我的“学术理论标准”中,马克思的哲学理论独树一帜,值得在世界观、历史观和方法论意义这样的高度信奉和坚守。这一点,现在说起来十分复杂敏感,我的这种“说明”,可能被视为“御用”或其他的“帽子”,但我不能回

避和隐匿我的学术立场和价值观，只是渴求读者能从比较纯净的学术境界明白我的思想深处。

马克思是20世纪被西方世界评出来的三个“世纪伟人”之一。在马克思主义的理论体系中，马克思主义哲学是具有世界观和方法论地位的学说。在马克思主义哲学看来，“人”不是一种抽象的概念，也不是像动物一样的非理性、无目的“活物”，人是具体的、历史的、活动着的人，即人是实践着的、活动的创造者。社会的一切，均是人的活动的产物。这种世界观和认识世界的方法论，对于认识“属人世界”的万事万物，具有普遍的指导意义。在面对具体科学时，哲学思维的理论穿透力和理论洞察力，是其他学科所不能比拟的。据此说到“政治传播”，哲学能够使我们从更为本质的意义上思考和研究政治传播问题，也就是说，应该首先从“人的活动”的视角夯实其研究的理论基础。然而非常遗憾的是，传播学乃至相关学科对于政治传播的研究，一开始就“扎入”了可能在活动中至关重要也可能无关轻重的细枝末节，而未能首先对“政治传播”做出前提性的基础性的理论框范。有鉴于此，我对政治传播的研究，一开始就选定哲学的实践论视角，聚力撰写了《政治传播活动论》这部著作。我在撰写《政治传播活动论》一书时，重点强调了主体、主体性及主体意识在政治传播过程中的重要作用，这是从哲学高度把握和认识政治传播的前提和基础。这种理路，至今还是有不可忽略的意义的。

——从重新界定“政治传播”这个“始基性”概念出发。实践是具体的，活动论的政治传播也是具体的。但是，具体不能是理论研究的出发点。理论研究或者理论逻辑进程的出发点，必须是不能再去追索其“源头”的“概念”或“范畴”。对于政治传播研究来说，这个概念就是“政治传播”。2014年，我与我的学生苏颖在《中国社会科学》发表了长篇论文，提出了新的“政治传播”的概念，把“政治传播”重新界定为“特定政治共同体中和政治共同体间的政治信息扩散和被接受的过程”。其学理深处的逻辑是：“政治信息”意味着从“政治”中解构出来的本质因素，即这种信息只能是“政治”的；“扩散和被接受”意味着从“传播”中解构出来的本质要素，即政治信息处于“扩散和接受”状态。二者的融合，形成了新的“政治传播”的元范畴。据不完全统计，这个概念在目前的中国学界是被引用、采纳次数最多的概念。

——最具学术核心地位的理论论断是“政治统摄传播”。在此之前，应该说，政治学与传播学都十分关注政治传播，但两个学科往往自说自话，对对方的理论体系和学术成果都不甚了解。政治学侧重于政治动员、政治参与、政治表达、政治心理等；传播学则重点关注新闻发布、政治宣传、公众舆论等。“碎片化”“两张皮”研究,体现了政治学和传播学两个学科在政治传播研究上的“壁垒”与“偏狭”。我们选择了“视界融合”的学科超越视野,对“政治传播”进行深度解析和架构。

我在新的对“政治传播”概念的界定基础上,把理论投入政治传播的实践历史以及未来形态中,提出了“政治统摄传播”这个理论论断。这个论断在新闻传播领域可能“很不受欢迎”,因为现实中似乎谁也不喜欢“政治”干预、决定“传播”。我当然也属其列,更不愿意看到现实中“政治”对“传播”的蹂躏。但是,理论对实践的实事求是的“抽象”与对现实实践中的现象的价值评价完全是两码事。“政治统摄传播”是一个贯穿于人类政治传播活动历史和现实的理论判断,是任何时候都不能视而不见、不能忽略的具有较强普适性的论断。其起源、机制、作用、效果的学理性论证,我已经在《政治传播活动论》以及后续的论文中展示了。我希望大家重视这个论断。

——为中国的“政治宣传”学理性地“正名”而艰苦努力。十年间,我没有把学术注意力放在大家都认同甚至崇拜的“西方政治传播”或者所谓的“发达国家的政治传播”上。这当然不是因为我刻意“反对”或者“仇视”西方的政治传播理论和实践。相反,我也与学术界同仁一样,不断地从西方的政治传播理论研究中汲取丰富的营养。但是,对于学术研究来说,这是两码事。我认为,粗陋地把中国的“政治宣传”排除在预先设定的“政治传播”之外,是很不公平的,也是很不理性的。这些都是把现实的“政治”与“政治传播”理论混淆在一起进而把“学术”“政治化”的表现。

我提出并深度论证了“政治传播三形态说”,把“政治宣传”和“政治营销”对应独立并且与“政治沟通”并列,将三者融入“政治传播”的“运行模式”中,在一定的理论普遍性的高度上完整地呈现出政治传播的基本形态。这一理论,在我对政治传播基础理论研究的成果中具有“原创性贡献”的地位。它不是一般的泛泛而论,也不是随意的“标新立异”。针对颇具争议的“政治宣传”,我提出:政治宣传是推展政治理想的政治传播形态,从学理上讲,政治宣传最直接地承担着“政治的传播化”和“传播的政治化”,因为它承载着政治与传播的双重机制。一方面,前述我们已经指出,政治具有现实性与理想性的双重属性,政治宣传就是用政治的未确定的理想性来引领、感召、鼓动受众,通过行动使政治的理想性不断地转化为现实。何为理想?理想就是基于现实但又超越现实的对未来的憧憬和设想,所以理想总是尽善尽美、至高至义的。正因如此,对理想并不能像对现实那样“客观呈现”和“真实描述”,所以,政治宣传用理想来感召和牵引现实,其中就难免有幻想和空想成分,难免有无法证实的“不实之辞”和难以成真的“幻想之景”。另一方面,从传播学角度看,政治宣传有助于政治理想鼓动作用的发挥,同时又承载传播的“使不确定性不断地走向确定性”的“简化选择”的本质。面对茫茫未来,人们总是也必须有所选择,面对“主义”丛生的政治理想的感召,人们总是也必须择善而从。正是通过政治宣传,人们才可能实现可选可择、可弃可从。就此而言,政治宣传的过程,正是一个传播内容不断“社会化”的过程,也是一个传播在社会化的过程中不断“政治化”的过程。也正是在这个意义上,政治宣传已然成为政治传播任何时候都不能弃用的基本形态。①

这个观点意义重大。在我看来,它深度解决了长期以来困扰着研究者们的“政治学与传播学的学科壁垒”“中国立场与西方立场”“传播的政治与政治的传播”“政治传播的理论与实践”“政治传播特殊性与普遍性”等诸多矛盾。所以,我发表在《现代传播》上的论证“政治传播的基本形态及运行模式”的长篇论文,被评为“首届新闻传播期刊论文奖”的优秀论文。

——把政治传播研究“从上往下”地延伸和拓展。经过十多年的努力,我及我领导的研究团队,基本上完成了中国特色政治传播的理论建构。当然,必须声明的是,这种理论建构只是反映了我们的立场、视野、学术见解和理论建构能力。我很清楚,我们的研究是偏向于“宏观政治”“宏大叙事”“国家层面”的,是偏向于“基础理论”或“理论基础”的。在我看来,这是政治传播的本质属性决定的基本逻辑,因为“政治”生来就不是“个体的”,也不是“底层的”,“政治传播”在任何社会形态和国家政治中都属于“基础”。对于我的研究,有学者采访我时说:“你的研究主要是眼睛向上”。我不否认,因为必须首先“眼睛向上”,但这不等于我只是“眼睛向上”地从一个方向观察和思考政治传播。

2018 年,我及时发表了对于政治传播研究具有“引领”意义的学术论文——《论中国政治传播研究向纵深拓展的三大进路》,在这篇文章中,我就旗帜鲜明地提出:中国政治传播研究向纵深拓展的进路有三。进路一,持续聚焦高势能运转的政治宣传研究。国家的存在,决定着政治宣传永远在国家政治层面“高位势能”运行。中国的以政治宣传为主轴的政治传播模式短时期内不会改变,政治宣传将一如既往地释放巨大的传播能量。因此,我们要继续高度重视这一领域,不断提供新思想、新理论。进路

① 荆学民,段锐.政治传播的基本形态及运行模式[J].现代传播,2016(11):8-15.

二,高度关注方兴未艾的微观政治传播研究。随着国家与社会关系的逐步分离和良性互动,“政治”不断地从“国家形态”向“社会形态”回归和迈进,伴随着这种回归和迈进,微观政治逐渐凸显出来。微观政治与“微传播”的镶嵌与耦合,迅猛激活了微观政治传播。政治传播研究聚焦和着力于方兴未艾的微观政治传播领域,是一种历史的必然,也应是一种理论自觉。进路三是“交叉学科”的兴起,前面我已经说过了。

政治传播研究“从上往下”地延伸和拓展,使我们的研究触角“从上往下”地深入到了“底层”,用我们的术语来说就是“微观政治传播”。鉴于一定的研究基础,我们的“微观政治传播”研究的起步状态就不是“零散”的,不是基于一个话题、一种议论(国内对于“底层”“微观”的政治传播研究就呈“一事一议”的散布状态),而是系统性的。据此,我在2021年发表了长达3万字的论文——《微观政治传播论纲》(《现代传播》2021年第7期),比较系统地铺展了“微观政治传播”的研究框架和主要议题。我们把“微观政治传播”置于“基于社交媒体的以个体为主体的政治传播”这一基石性的“学术原点”。毫无疑问,对这一原点的系统展开,必将呈现出“微观政治传播”的新面貌、新体系,也颇具“原创性”价值。

——把政治传播研究“从内往外”地延伸和拓展。这里的“外”,不是指中国以外的“西方”,而是指“国际政治传播”。按照我对政治传播研究的“战略安排”,是从对中国特色政治传播理论研究起步,先把作为政治共同体的“国家”的“国内”说清楚,然后从“国内”向外延伸到“国际”。当然,在“社会媒介化”“政治媒介化”的大背景下,现实的政治传播已经无法截然划分出“国内政治传播”与“国际政治传播”的独立区域了。比较有意思的是,我们关于“国际政治传播”研究的理论逻辑进展,与现实的国际政治传播的实践进展,在“百年未有之大变局”的情势之下“重叠同步”。当我们准备研究“国际政治传播”的时候,“俄乌冲突”爆发了,“俄乌冲突”直接引发了全球社会对于“国际信息战”“国际舆论战”的极大关注,而在我看来,所谓“国际信息战”“国际舆论战”均属于“国际政治传播”范畴。

按理说,“国际政治传播”也不是什么新理论和新话题,但是,恰恰由于“国内”的和“国际”的现实的、政治的因素,“国际政治传播”的研究十几年来陷入“死寂”状态。一个奇怪的现象是:“国际传播”很热,但“国际传播”似乎排斥“国际政治传播”。

无奈之下,我对“国际政治传播”的研究只能从“破题”开始,首先把“国际政治传播”从“国际传播”中彰显出来,然后“戳破”附着在“国际传播”研究上的“害怕政治”

的这个“脓包”，把研究“国际政治传播”的正面“合法性”和能量释放出来。2021 年，我在《新闻大学》发表了《论新时期国际传播的政治维度》一文，这篇文章是在我 2015 年发表在《国际新闻界》的《国际政治传播中政治文明的共振机制与中国战略》（《国际新闻界》2015 年第 8 期）的基础上，7 年之后的“继续说事”。文章比较“尖锐”地指出：在过去的一段时间内，恰恰是由于“政治”问题，比如意识形态的差异性和对峙性、国家间交往的“国家利益”的坚硬壁垒等，人们在意识中、在思想里一直在躲避“政治”，国际传播也一直在试图绕过“政治”前行。在通行的国际传播理论中，在所有的国际传播交流的对话中，“政治”一词似乎成了一种让人避之不及的“妖魔”。[①] 这样一来，从政治传播的视野看，当下国际传播的主要问题有两个相互联系的层面：第一个层面是把国际传播中的经济、文化、科技、社会等“意识形态化”，即按照“政治”的标准和规则予以“过滤”和筛选，这严重阻滞了国际传播的深化和发展；第二个层面是不承认“政治”的国别经验和智慧，即不承认政治文明的可传播性和可共享性。这两个层面统一起来，就使国际传播找不到国家间可以“同频共振”的内容和机制了，进而陷入了“空壳”和“空转”状态。[②]

现在，我及我领导的包括博士后、博士生、硕士生的团队已经在“微观政治传播”和“国际政治传播”这两个研究领域“排兵布阵”，但是，成熟的研究成果问世还有待时日。

……

我犹如一头“学术老黄牛”，拖着“政治传播”的“犁铧”艰难前行，从“政治传播”的概念界定出发，到“核心论断”的提出，再到“原创性”机理的论证，沿着“从上往下”“从内往外”的路径，一步一个脚印，向着从“政治传播理论”到“新政治传播学”的境界不断地进发。自觉颇像人们常说的那个希腊神话中的西西弗斯“滚石上山”，充满着“快乐与苦楚”“成就与扯淡”“创新与荒诞”等种种“二律背反”。

写到此，该打住了。这里的所谓“心路历程”并不是完整的“生活回忆录”，以上这些描述与感慨，侧重于学术之路，弱于“心声”外泄。

仅此感怀，回应学界各位关心关注政治传播的朋友同仁。

（作者荆学民系中国传媒大学政治传播研究所所长、教授）

①② 荆学民. 论新时期国际传播的政治维度［J］. 新闻大学，2022(5)：28-35 + 118 + 119.

中国政治传播知识体系建构

系统、制度与行为：突发公共卫生事件中的信息沟通/李月军　徐蓉蓉

系统、制度与行为：突发公共卫生事件中的信息沟通

◇ 李月军　徐蓉蓉

摘要：从决策基础的角度看，在应对突发事件的决策中，某个系统之中和各个系统之间的沟通能否为决策者及时提供正确的信息，关系到应对的成败。本文以湖北武汉新冠肺炎疫情初期的情况为例，试图从疫情信息沟通制度及其所处的宏观系统，微观层面的相关行动者的观念、行为模式互动的角度，探讨突发公共卫生事件所暴露出来的信息沟通问题。不过，已有理论不能完全解释案例中体现出的问题，因此，本文尝试建构一个以行动者为中心的系统分析框架，并依据国内外媒体对武汉疫情的详细报道，尽量以"有一分证据说一分话"的方式，对疫情初期信息沟通系统的输入渠道、输入者、守门者各自的行动逻辑等是如何耦合在一起并引发公共卫生系统性风险的，以及这些问题的解决方案又是如何激起理论反思并触发制度变迁的作详尽分析。

关键词：行动者，系统，制度，信息沟通，政治沟通

从决策基础的角度看，在应对突发事件的决策中，某个系统之中和各个系统之间的沟通能否为决策者及时提供正确的信息，关系到应对的成败。在突发紧急情况下，如果信息沟通渠道被人为窄化，导致信息传递不畅或真实信息被隐瞒、扭曲，不能及时到达决策层，那么决策层就不能及时作出有效决策，突发事件就可能引发系统性风险①。2003 年 SARS 疫情暴发初期，我国公共卫生系统内部信息沟通不畅等问题明显暴露

---

① 系统性风险是指整个系统面对的风险或崩溃的可能性，与之相对的是个别部件或组件的崩溃，体现为绝大多数或所有部分之间的共同风险或崩溃可能性。KAUFMAN G G，SCOTT K E. What is systemic risk，and do bank regulators retard or contribute to it？[J]. Independent review，2003，7(3)：372.

出来。此后,国家和各级政府投入巨资,建立了全国性传染病直报系统并完善了相关法律制度,但2019年底至2020年初武汉新冠肺炎疫情的防控再次“暴露出我国在重大疫情防控体制机制、公共卫生应急管理体系等方面存在的明显短板”①。湖北和武汉政府“前期防控工作存在的严重问题”②之一,就是没有将真实关键的疫情信息及时输送给政治系统决策层。学术界或是从公共卫生系统内部研究反思,或是仅仅从理论上讨论造成类似问题的原因,这些观点失之深入和全面。有鉴于此,本文以湖北武汉新冠疫情初期为例,试图从疫情信息沟通制度及其所处的宏观系统,微观层面相关行动者的观念、行为模式互动的角度,探讨突发公共卫生事件所暴露出来的信息沟通问题。为达成这一目的,下文在扼要概括传统理论不足的基础上,尝试建构一个以行动者为中心的系统分析框架,并依据国内外媒体对武汉疫情的详细报道,尽量以“有一分证据说一分话”的方式,勾画、分析疫情初期信息沟通存在的问题是如何导致新冠肺炎疫情引发系统性风险的,这些问题又是如何被解决的,以及对这些问题的初步反思触发的制度变迁及其前景。

一、传统理论不足以解释突发公共卫生事件中的信息沟通问题

大体而言,社会科学中的结构功能主义(及其衍生出的其他系统理论)、行为主义与制度主义三大理论框架的名称,既表明了其分析起点、重点和优势,又隐含着其不足或劣势。从结构功能主义衍生出的系统理论③认为“过分专注于研究任何单独的一系列社会变量,其所得到的看法并不如系统分析具有的眼光周全成熟”。④ 系统理论为我们研究一个政治系统的不同运作模式提供了一个有用术语和分析逻辑。例如,政治系统理论讨论了这样一个政治过程:作为“要求”的信息被输入政治系统,经过处理成

---

① 习近平.在统筹推进新冠肺炎疫情防控和经济社会发展工作部署会议上的讲话[J].前进,2020(3):4-10.

② 习近平.在统筹推进新冠肺炎疫情防控和经济社会发展工作部署会议上的讲话[J].前进,2020(3):4-10.

③ 主要有四种系统理论:以塔尔科特·帕森斯为代表的早期社会学系统理论;戴维·伊斯顿的政治制度输入输出模型,以及加布里埃尔·阿尔蒙德和宾厄姆·鲍威尔对它的进一步发展;尼克拉斯·卢曼的“自生”系统理论和现代化理论。KOLLMORGEN R. The handbook of political, social, and economic transformation[M]. Oxford: Oxford University Press, 2019:20.

④ 伊斯顿.政治生活的系统分析[M].王浦劬,译.北京:华夏出版社,1999:8.

为政策后被输出,受众对之作出回应,这种回应再被输入政治系统,从而形成一个信息循环。这个循环中的“反馈环”包括:当局生产并输出信息,社会成员对输出的信息作出反应,这些信息获得与当局沟通的机会,最后,当局做出下一步的行动。因此,新一轮的输出、反应、信息反馈和由当局作出的再反应,是运动着的一系列行动。在这个反馈环中发生的事情,对于系统应对压力的能力具有最深刻的影响。① 可见,系统理论注意到了当局与社会成员之间信息沟通的重要性,认为“系统和环境之间,存在着这样一个不断的影响和信息流,这一事实终将表明一个政治系统在一个甚至是剧烈动荡变化的世界上持续下去的能力”②,并讨论了信息超载、信息阻滞等问题,勾勒出了基本的沟通模式。尽管如此,系统理论还是只揭示了系统的普遍性,很难也并没有针对政治决策给出答案,“对于实证分析来说还是太抽象了”③。例如,系统理论并没有对作为行动者的当局和社会成员的类型或角色、利益衡量、行为选择的自主空间等作进一步的细化分析。而处于不同的具体时空中的各个行动者,对各种信息的处理方式不同,从而影响系统运行。究其原因,主要有二。一是在于系统理论的视角是“整体主义”的,其分析单元止步于要素,将行动者抽象为一个依附于系统的要素,也抽象掉了系统自身运行的基本动力,更不用说进一步详细分析行动者的类型、动机、行为选择了。二是注意到了制度对系统的重要性,认为每个系统都必须制定一整套的限制性的可以正式实施的措施。这些典则包括习俗、法律规范,它们是在系统追求新目标、规则,或是顺应结构的压力的过程中产生的,既需要是稳定的,也需要不断适应变化着的环境。④

系统理论的不足正是行为主义的优势所在。在行为主义的开创者拉斯韦尔看来,需要建立“以人为中心的政治学(hominocentric politics)”,以取代原来以政治体系(国家)为研究对象的政治学。这种政治学“在人际关系中而不是在抽象的制度或组织中,发现了研究对象”⑤。然而,行为主义的视野又过于微观,特别是它把行动者假设为精于利益计算的理性人,忽略了制度、社会文化、其他行动者等外部环境因素对行动

---

① 伊斯顿. 政治生活的系统分析[M]. 王浦劬,译. 北京:华夏出版社,1999:33.

② 伊斯顿. 政治生活的系统分析[M]. 王浦劬,译. 北京:华夏出版社,1999:36.

③ SCHUBERT G, AHLERS A L. Constructing a new socialist countryside' and beyond: an analytical framework for studying policy implementation and political stability in contemporary China[J]. Journal of china political science, 2011, 16: 19-46.

④ 伊斯顿. 政治生活的系统分析[M]. 王浦劬,译. 北京:华夏出版社,1999:33.

⑤ 拉斯韦尔,卡普兰. 权力与社会:一项政治研究的框架[M]. 王菲易,译. 上海:上海世纪出版集团,2012:11.

者的激励或约束。即便有的行为主义者借鉴了系统论的某些视角,但仍没有将具体的行为、制度和系统整合起来,而是代之以来自自然科学控制论等理论的抽象的概念。如作为科学行为主义的代表之一,多伊奇认为,所有的政治系统都如信息通信系统那样依赖于信息的传送,它整个就是一部“旨在最大限度提高公众福祉的人造沟通机器”——唯有借助于信息的接收、传输、处理、利用和控制,唯有通过不断地获取并反馈所有影响政治系统运行的信息,方能有效地矫正自己的行为并自动地聚焦于目标之达成,否则,政治系统就有可能像失去神经的有机体一样陷入瘫痪。① 后来的行为主义者认识到“所有居民和政府官员都依赖于他们得到的信息和他们传递信息的效率”②。这指出了政治社团、利益集团和政党等是民主政治体系中重要的沟通渠道,集权政治体制中的领导人面临着信息数量巨大且复杂以及沟通系统过长等问题。不过,他们并没有进一步分析不同政治体制中具体的制度类型及其所在的系统、相关行动者之间的复杂关系,以及这些复杂关系对信息沟通的影响。

作为对行为主义和旧制度主义的反思而出现的新制度主义吸收了后期行为主义的某些长处,如有限理性人的假设等,但其经验基础与理论模式仍以制度为研究中心,“坚持制度主义的解释应该从制度本身开始,而不是把其他现象作为分析的主要对象”③,新制度主义“一般是基于结构而不是行动,因此难于将那些必须做出决定的个体行动者——尽管他们受到制度结构与规则的约束——囊括进来”④。如此一来,行动者从某种程度上又隐退了,成为制度的附属物。尽管新制度主义者坚信以制度为研究对象“实际上能解释大部分政治生活的变化”,但在新冠肺炎疫情及其引发的系统性风险面前,包括西方民主政治制度在内的种种制度的低效甚至是失效,提醒人们制度主义的这一主张过于乐观。某些新制度主义者认为,“将行动者弃之不理仅分析结构,与将结构弃之不理仅分析行动者一样,是有缺陷的”⑤,因此,他们试图把制度主义与行为主义整合在一起,并将博弈论等融入其中,提出“以行动者为中心的制

① DEUTSCH K W. The nerves of government:models of political communication and control[M]. London:Free Press, 2011:56.

② 阿尔蒙德,鲍威尔. 比较政治学:体系、过程和政策[M]. 曹沛林,等译. 北京:东方出版社,2007:149.

③ ROBERTS M. Why institutions matter:the new institutionalism in political science[M]. London:Red Globe Press, 2013:199.

④ PETERS B G. Institutional theory in political science:the new institutionalism (fourth edition)[M]. Cheltenham:Edward Elgar Publishing,2019:74.

⑤ MAYNTZ R,SCHARPF F W. Steuerung und Selbstorganisation in staatsnahen Sektoren[M]. Frankfurt am Main:Campus,1995:46.

度主义”①分析框架。这一框架的关键概念是制度、行动者和行动者群体。作为规则系统的制度,不仅通过建构和限制行为选项来影响社会过程,而且在某种意义上还建构了参与者并塑造了参与者的感知和偏好,影响单个行动和复合行动者以及它们之间的互动,从而使人们对需要解决的问题形成集体认知,进而提出决策方案。不过,制度不是简单地把行动者变成工具或木偶,而是只界定可接受的行动范围,为策略和选择的多样性留有空间,使行动者享有相当高的自主权。从制度的角度可能被认为是异质的东西,实际上构成了社会互动的重要因素。不过,此框架并没有将系统纳入其分析视野,对制度变迁和成败的解释仍止步于制度与行动者的互动。这个框架仍难以完全解释在具体制度较为完备的情况下,信息沟通主体及其行为是如何在突发公共卫生事件中引发系统风险甚至崩溃的。

简要地说,政治学中的系统论、行为主义和新制度主义为研究突发公共卫生事件中的信息沟通提供了某些可借鉴的思路,但并不完全适用于分析涉及多种系统、制度与行动者的突发公共卫生事件中的信息沟通过程。这提醒我们必须寻找新的理论分析框架。

二、以行动者为中心的系统理论框架

鉴于上述理论框架不能对突发公共卫生事件中的信息沟通机制给出有说服力的解释,本文尝试建构一个以行动者为中心的新系统理论分析框架。这一框架在传统系统理论框架的基础上,坚持以行动者为分析中心和基本单元,吸收行为主义、博弈论、理性选择主义等新制度主义的优长,将政治过程的微观层面(行动者及其行动)、中观层面(制度)和宏观层面(系统)融合在一起,以期给出更为接近现实的解释。以行动者为中心的系统理论的基本分析单元为行动者、制度与系统,其前提假设或基本思路如下。

第一,行动者是系统的核心与基本要素,政治社会现象可以被解释为怀有意图的

① SCHARPF F W. Games real actors play: actor-centered institutionalism in policy research[M]. Colorado: Westview Press, 1997;李月军. 以行动者为中心的制度主义——基于转型政治体系的思考[J]. 浙江社会科学, 2007(4): 75-80.

行动者相互作用的结果。行动者包括两类,一类是个体行动者,他们是有限理性的,被社会化的期望和规则分配角色和资格,一般是通过制度、组织文化、习惯等塑造出来的;另一类是复合行动者,例如企业、政府部门和机构、协会等,它们是根据预先存在的规则创建的,它们的继续存在和运作依赖于规则和内部行动者。这些规则不仅界定了行动者的构成及其可以依赖的物质、法律等资源,而且界定了行动者为之服务的目的或在作出选择时应考虑的价值。在以行动者为中心的系统理论看来:

(1)利益是行动者采取行动的基本动力。利益概念在分析人与系统行为时扮演着根本性角色。社会科学领域的一个经典问题是"导致人们那样做的原因是什么",相应的经典答案是"他们的各种利益"。[①] 行动者面对复杂情况时往往是没有掌握完整信息且计算能力有限的,所以是有限理性的;行动者一般在其所处的环境中,根据既有观念、能力资源、所获得的信息、对其他相关行动者可能做出的反应的预测,计算各种行动方案可能带来的成本收益,确定行动偏好与路线图,选择行动选项,进而判断是否将之付诸实践,并在实践过程中不断做出调整;

(2)行动者的行为不是基于纯粹的客观现实,而是基于感知的现实以及世界中存在的因果关系,而这种感知又受既有观念、制度、其他行动者的反应以及群体行动者的内部结构、关系等因素的影响;

(3)行动者似乎不是完全由制度决定的。制度只界定可接受行动的范围,为策略和选择的多样性留有空间。它们不是简单地把行动者变成工具或木偶。不论是为了团体或集体利益而行动,还是仅为了自己的利益而行动,具有不同的社会背景、社会经历、知识、经验和世界观的行动者都享有相当高的自主权。

第二,制度可被视为规则及其组成的体系,这些规则构成了行动者可以选择的一组行为路径。

(1)它们是系统主导者为系统运行而制定的基本规则和框架。

(2)其基本目的是以激励和约束来规范、建构系统中的行动者,塑造其感知和偏好,以增强其行动的可预期性,提高系统运行效率。

(3)系统内部的不同规则构成制度体系,不同规则之间既可能是相互啮合的,也可能是不相干的,还可能是相互冲突的。

(4)制度之间这些不同关系的实践,是通过行动者的行为来实现的。例如,制度

---

① SWEDBERG R. Interest[M]. Milton Keynes: Open University Press, 2005: 1.

具有非致密性、不相关性甚至是冲突性,为相关行动者提供了大量激励与约束条件。原来就具有一定相对独立利益和能动性的行动者,可能遵行与其不相干的甚至是相反的行动逻辑。当这种行动达到一定数量、行动逻辑内化为一定数量的行动者的观念时,就会形成群体甚至是集体行动者。我们可称他们奉行的这类规则为潜在规则。如此一来,显性规则与潜在规则及其各自所支撑的观念制度所构成的运行逻辑存在于一个系统,这样就会产生系统或其子系统运行的不同逻辑。它们之间的不一致甚至是冲突,就不可避免地在系统层面上体现出来。更为复杂的是,二者可能本身就是某个系统的一体两面,在不同的时空中既可能相互支持,又可能相互冲突。

第三,系统一般指形成统一整体且有规律地相互作用或相互依赖的一组事物;"系统"应当具备以下两点:一是组成系统的一系列单元或要素相互联系,因而某些要素及其相互关系的变化会导致系统其他部分的变化;二是整体具有不同于部分的特征和行为。[①] 某一系统与包括其他系统在内的环境进行信息能量交换,外部系统/环境的输入经过系统处理成为输出,输出又通过环境被反馈给系统,成为新输入,如此循环。行动者和物质资源分别是一个社会政治系统的运行必需的微观主体要素和物质基础。行动者之间的互动(博弈、合作或冲突)贯穿系统的输入、决策、输出与反馈的各个阶段(如图 1 所示)。

第四,制度与系统对行动者的建构和塑造,也是通过行动者之间的相互作用进行的,不同行动者的选择以及由此带来的冲突或共识成为导致制度有效或失效的直接因素。

第五,不同行动者、制度及其各自组成的不同系统之间,甚至是系统本身判定和规定的利益及运行的不同机制逻辑之间,存在巨大的不确定性、模糊性、冲突性,这些因素会增加系统风险产生的可能性。

接下来,笔者根据上述假设及其构成的以行动者为中心的系统理论框架,分析作为突发公共卫生事件的武汉新冠肺炎疫情初期的信息沟通过程及其存在的问题。面对突然暴发的疫情,首先要解决的问题是让社会政治系统正确地应对疫情,就是把对

---

① JERVIS R. System effects: complexity in political and social life[M]. New Jersey: Princeton University Press, 1998: 6. 作为一个概念,系统本身是研究者构想的网络,其目的是区分、刻画和控制现实的各个方面,特别是动态过程。现代系统理论起源于 20 世纪 40 年代生物学家和哲学家 Ludwig von Bertalanffy(1968)的著作。KOLLMORGEN R, etc. The handbook of political, social, and economic transformation[M]. Oxford: Oxford University Press, 2019.

病毒本身及其侵入社会的相对正确的认知与实际信息及时有效地输入政治系统,作为各级决策的一个基本条件。在这个环节,第一步要细致考察把疫情信息输入政治系统的既有制度化渠道和可能的非制度化渠道有哪些,前者是不同行动者是否采取应对疫情行动的前提,而后者则为行动者采取制度化行动之外的输入行动提供了可能,在这一步中还要明确,行动者是否及时把疫情实际情况向上传递、输入政治系统,以及通过何种渠道输入。

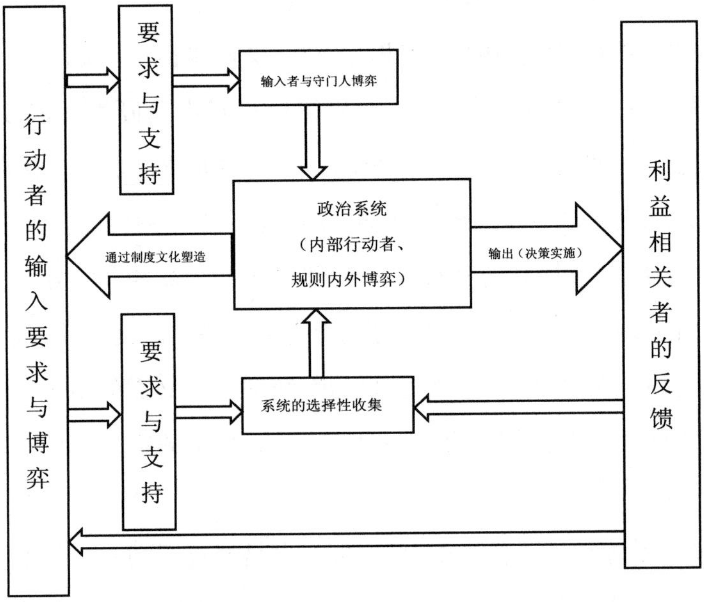

图1　以行动者为中心的系统理论框架示意图

三、疫情信息沟通的输入渠道

以新冠肺炎疫情为代表的公共卫生事件常在社会系统中突发,其防控需要政治系统动员医疗系统和社会系统的力量。政治系统顺利实现这一动员、及时有效防控疫情,需要及时得到实际的疫情信息。由于政治系统的专长并非疫情防控和疫情认知,所以实际疫情信息必须由医疗系统或社会系统输入政治系统,作为作出正确疫情防控决策的基础。否则,政治系统就不能与医疗系统和社会系统一起完成疫情防控的任务。疫情信息必须通过一定的渠道才能从医疗系统和社会系统输入政治系统。“一个子系统的信息或信息群……流动的路径，我称之为‘通道’，而在任何系统中，由它们组合而成的复合体，我称之为‘通道网络’。每一个政治系统都具有这样的要求网络。”①中国传染病防控系统中疫情信息沟通的主要通道网络是制度化的。以行动者为中心的系统理论关于制度与行动者之间关系的假设，与制度主义者的一个观点相近，即“理解政治行为和政治结果最好是通过研究制度的规则和惯例，以及行动者与这些规则和惯例的联系方式”。② 现有法律法规所规定的疫情信息沟通渠道为社会系统和医疗系统向政治系统输入信息提供了合法性。

根据我国现行的《突发事件应急法》《传染病防治法》《突发公共卫生事件应急条例》《传染病信息报告管理规范》《突发公共卫生事件与传染病疫情监测信息报告管理办法》《全国不明原因肺炎病例监测、排查和管理方案》《国家突发公共卫生事件相关信息报告管理工作规范》等法律法规的规定，在新冠病毒未明确之前，医生和医院将疫情输入政治系统的渠道有三种。

第一种是根据垂直化属地管理原则，通过政府系统各级卫生行政部门（卫健委及其下属疾控中心）层层上报。《传染病防治法》《传染病信息报告管理规范》《突发公共卫生事件与传染病疫情监测信息报告管理办法》等法律法规，按分级负责、属地管理原则，把传染病信息报告工作的管理权交给了卫生行政部门，也就是卫健委及其下属疾控中心。《传染病防治法》第三十条规定：“突发原因不明的传染病时，应当遵循疫情报告属地管理原则，按照国务院规定的或者国务院卫生行政部门规定的内容、程序、方式和时限报告。”简言之，就是疫情信息需要由医疗系统按属地管理原则，上报给所属地方政治系统及其行政卫生部门，再由其一级级上报，直到中央政治系统及其卫生行政部门。中央做出决策后，再一级级向下传达，或授权地方政治系统向社会系统发布疫情信息。这一制度构成了突发公共卫生事件中信息沟通的“倒 U 形”模式（如图 2 所示）。在当代中国国家治理系统中，这种疫情防治的属地管理原则在平时可以及时高效地集中当地医疗资源以诊治确诊病例、防控疫情，应对突发公共卫生事件。

---

① 伊斯顿. 政治生活的系统分析[M]. 王浦劬，译. 北京：华夏出版社，1999：140.

② LOWNDES V，ROBERTS M. Why institutions matter：the new institutionalism in political science[M]. London：Palgrave，2013：7.

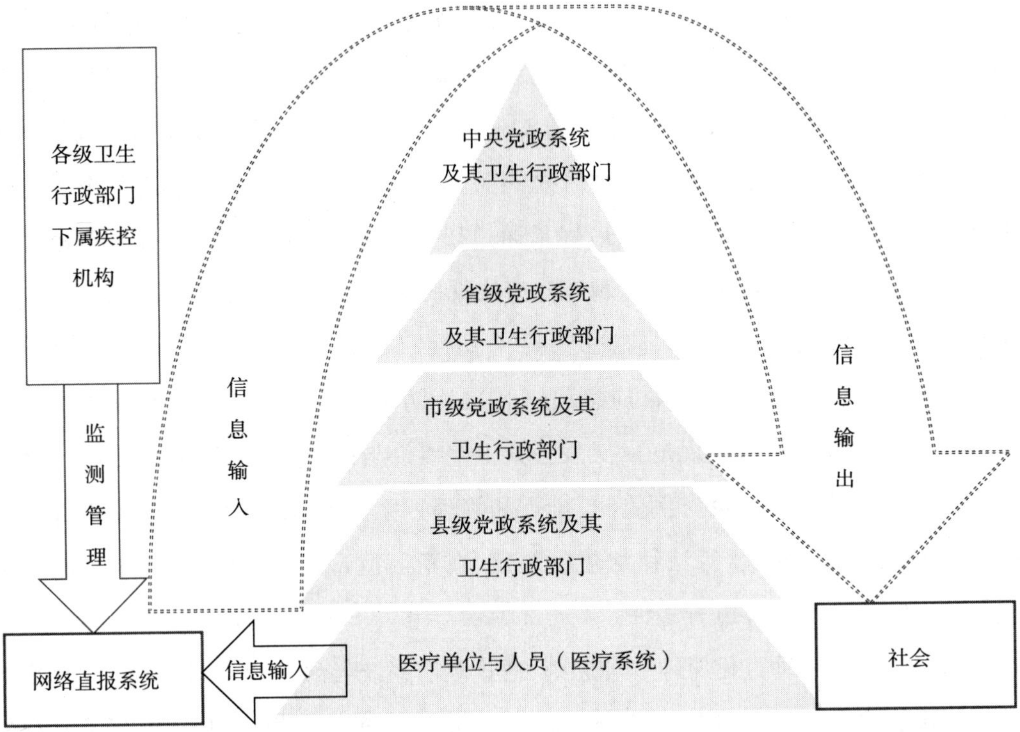

图2 属地管理“倒U形”和网络直报系统疫情信息沟通模式示意图

第二种是通过网络直报系统,即“全国传染病与突发公共卫生事件监测信息系统”直接上报。它是一个基于互联网的传染病个案直报和纵向到底(乡镇卫生院)、横向到全国的广覆盖扁平化系统,包含传染病、突发公共卫生事件、出生死亡登记、健康危害因素等多个直报、监测和管理子系统。其日常监测和管理主体是各级卫生行政部门下属的疾控中心。理论上,该系统横向覆盖全国,纵向“到乡镇卫生院的电脑里都可以看到”。基本操作要求是,一线医护人员只要发现传染性病例、不明原因肺炎,就可以填写纸质或电子传染病报告卡,之后将其交给医院公共卫生科或院感部门,这些部门负责将病例录入直报系统。按照《传染病信息报告管理规范》和《全国不明原因肺炎病例监测、排查和管理方案》的规定,各级各类医疗机构的医务人员发现符合不明原因肺炎定义的病例后,应立即报告医疗机构相关部门,由医疗机构在12小时内组织本单位专家组进行会诊和排查,仍不能明确诊断的,应立即填写传染病报告卡,注明“不明原因肺炎”并进行网络直报。发现其他传染病和不明原因疾病暴发时,应于2小时内将传染病报告卡通过网络录入。个案可直接实时报至中国疾控中心的数据中心,疾控中心有专人监测这些病例数据。这一系统是SARS之后,为避免层层上报过程中信息的低效传递而设计的。网络直报的主要意义在于让各级特别是高层官员能够及时获得疫情信息，整体协调疫情防治工作。

在网络直报系统的管理规定中，各级各类医疗机构的医务人员是进行网络直报的主体，这里遵循的主要是专业直报原则。这与前述“疫情报告属地管理原则”共同构成了一种纵横交叉的立体的疫情信息沟通系统。其中，属地管理原则的主体是各级政治系统（及其卫生行政部门），网络直报系统的监测管理主体是附属于各级卫生行政部门的疾控中心。如此看来，在这个系统中，扁平化的网络直报系统是附属于垂直化的属地管理系统的，前者是专业辅助性的，后者是行政主导性的，前者为后者提供应对传染病等突发公共卫生事件的决策依据。

在正常状态下，在对所有已知传染病有比较成熟的科学认知、治疗和应急方案的情况下，上述两种信息沟通渠道能够发挥各自优势、互补不足，使整个传染病监测与防控系统流畅运转。不过，二者存在制度上的不协调与冲突，因为网络直报系统依附、受制于属地管理原则。只是在正常时期，这些内部不协调一般不会引发医疗系统的系统性风险，更不会引发医疗系统之外的其他系统性风险。然而，在未知病毒造成人与人之间迅速传染的突发情况下，上述不协调与冲突就会放大不同行动者之间、不同系统之间的非线性关系及其复杂性，甚至可能导致灾难性后果——系统性风险。

第三种是国家机关会根据对突发公共卫生事件实际的评估与预期，特设或派出专门收集疫情信息的临时性组织。如在武汉新冠肺炎疫情初期，中央连续三次派出高级别专家组赴武汉了解关键疫情信息。这种特派组织可以直接深入疫情一线，为一线医疗机构和人员将自己知道的疫情信息直接输入最高决策层提供了便捷高效的渠道。

此外，在以行动者为中心的系统理论看来，制度与系统的运转是以行动者之间的多种关系互动来实现的。实际上“政治是关于关系的，关系构成了塑造、促成和约束政治行动的网络结构”，“社会关系网络是政治系统的基本组成部分”。[①] 在一个人的社会关系网络中，他认识的人越多，认识的重要人物越多，他越具有中心性、群体性和连通性。在突发公共卫生事件中，医疗系统中的某个行动者可能动用其拥有的社会关系网络和资源，向政治系统输入实际关键疫情信息。就突发公共卫生事件中医疗系统与社会系统之间的疫情信息沟通关系来看，一线医务人员可以在自己的社会关系网络中，特别是熟人群体中传递疫情信息。同时，疫情信息通过现代互联网技术在社会系统中的广泛传播也会引起政治系统的交叠反应，从而使社会系统具有上述制度化渠道

① VICTOR J N，etc. The Oxford handbook of political networks［M］. Oxford：Oxford University Press，2017：1.

之外的向政治系统输入疫情信息的作用。

伊斯顿把穿越了一个系统的边界、朝着某个其他系统传送的影响看作第一系统的输出,相应地,它们成了第二系统——一个它们所影响的系统——的输入。而系统之间的交换或互动,则被看作是以系统之间的输入输出关系为基础的。① 从这一角度看,政治系统、医疗系统和社会系统之间的交换关系(即相互输入的关系)和交换渠道,主要是由《传染病防治法》等法律法规规定的。《传染病防治法》把传染病疫情的监测、预警、报告、通报和公布等过程的参与者及其相关权责,限制甚至是锁定在政治系统及其下属的医疗系统。② 也就是说,绝大多数疫情信息只能在这两个系统之间进行交换。关于受疫情直接影响的社会系统参与上述诸过程的情况,《传染病防治法》等法律法规仅规定了单位和个人(包括医院和医生)有向疾病预防控制机构或者医疗机构上报疫情的义务,国家支持和鼓励单位和个人参与传染病防治工作。与此同时,该法没有把向社会及时公布疫情信息的权力授予能最及时地知晓疫情信息的医疗系统或独立的疾控系统,而是授予了政治系统,而且还是层级较高的省级和中央级卫生行政部门。③

从以行动者为中心的系统理论来看,制度并不会自动起作用,所以在明确了突发公共卫生事件中疫情信息沟通的制度化与非制度化渠道之后,需要进一步追问:"正式规则和事情的'真正运作'方式之间有差距吗?"④具体而言,就是需要分析上述制度背景之下,疫情信息沟通过程中输入者、守门者的行动逻辑及其影响,或说是如何引发系统性风险的。这一问题涉及:谁想把需求输入,他们各自想输入的是什么、选择的输入渠道是什么;谁可以以及如何把输入想法变为实际行动,输入过程中遇到了哪些助力与阻力;输入者与守门者在不同的输入阶段是如何博弈的,最后的博弈后果是什么,即哪些信息与需求被输入政治系统,最终其输入目标是否达成。我们通过媒体披露的案例,分析疫情信息输入政治系统过程中的这些问题。

---

① 伊斯顿. 政治生活的系统分析[M]. 王浦劬,译. 北京:华夏出版社,1999:30.

② 根据党管干部的原则和具体实施规则(《党政领导干部选拔任用工作条例》),公立医院的干部由相关组织部任命。如中南医院院长王行环就是由湖北省组织部委任的。参见《中共湖北省委组织部干部任前公示公告》(2015年第101号)

③ 《传染病防治法》第三十八条规定:国务院卫生行政部门定期公布全国传染病疫情信息。省、自治区、直辖市人民政府卫生行政部门定期公布本行政区域的传染病疫情信息。传染病暴发、流行时,国务院卫生行政部门负责向社会公布传染病疫情信息,并可以授权省、自治区、直辖市人民政府卫生行政部门向社会公布本行政区域的传染病疫情信息。

④ LOWNDES V, ROBERTS M. Why institutions matter: the new institutionalism in political science[M]. London: Palgrave, 2013: 10.

四、疫情信息沟通中输入者的行动逻辑

根据现行法律法规,各级各类医疗卫生机构为向政治系统输入传染病等疫情信息的责任报告单位,而执行职务的医疗卫生人员和乡村医生、个体开业医生均为疫情责任报告人。

大多数一线医生真正开始对新冠病毒引发的异常情况产生警觉是在2019年12月底,这时有一部分一线专家和医生就意识到了存在人传人的可能,以及情况的严重性。他们按照法律规定的属地管理原则,基于对自己职责的认知①,通过所在医院将情况上报给了区、市、省三级疾控中心。

现有制度为医务人员上报疫情提供了两条制度化渠道。尽管网络直报系统的设计初衷是提升疫情信息上报的效率,但其并没有赋予一线医生直接上报的强制性排他权力,相对于法律规定的属地管理原则这一强制度设置,网络直报系统属于一种弱制度设置。一方面,如前所述,从具体制度的相互关系上看,网络直报系统附属于政治系统内的各级政府及其卫生行政部门。从法律效力高低上看,按属地管理原则,向同级卫健委报告疫情更符合《传染病防治法》《突发事件应对法》等上位法的规定。另一方面,在医院中,遵守科层制规则,通过医院的疫情上报流程将疫情输入政治系统,也符合医生们在日常工作中养成和理解的组织习惯。医生越过医院与当地政府及其卫生行政部门,通过网络直报系统将疫情信息输入政治系统,非常有可能招致指责。这一认知也影响了两种制度的强弱程度、相互关系以及实施绩效。

在医生通过医院将疫情信息输入政治系统的过程中,作为一个复合行动者,医院能否及时真实地把自己掌握的疫情信息输入政治系统,既受到外部刚性制度的约束或激励,又受到自身内部结构的影响。如前所述,公立医院是被嵌入国家治理系统的,后

---

① 被官方确定为疫情上报第一人的张继先在接受采访时说:"发现(不明原因病例)后,我首先报告给院感控,再报告给医务部、院长,这是我作为科室主任的职责。"(《新京报》2020年3月14日)中国疾病预防控制中心首席流行病学专家吴尊友回忆说:"由于她是一个呼吸科专家,2003年她看过非典病人,她一看那个胸片脑子里一下就想起了2003年的情景。所以27号我们卫生系统开始关注这个疾病。由于这个疾病很不寻常,她不敢在系统里面报,就报给了当地的疾控中心。"北晚在线.是否关闭华南海鲜市场专家曾有分歧?吴尊友揭秘背后故事[EB/OL].(2020-12-05)[2022-01-25].https://baijiahao.baidu.com/s?id=1685232020019196494&wfr=spider&for=pc.

者为前者设立了政治领导与专业发展两个大的目标。① 兼具体制化与专业化的混合型科层制医院,其内部组织与人员也是分层的,医院领导层在组织决策与行为选择中扮演着关键角色。由于公立医院受卫生行政部门的领导,因此国家治理系统中的主导部门在突发公共卫生事件中的目标倾向,可能左右医院的选择。同时,在疫情信息输入国家治理系统的过程中,医院领导层可以根据国家治理系统提出的两个目标,选择其行动模式。如果医院内部就专业发展与及时真实地上报疫情达成一致,医院基本上就是一个输入者的角色。相反,在这两个目标产生矛盾时,侧重于实现政治领导目标的医院领导可能从输入者的应然角色转化为守门者的实际角色。武汉新冠肺炎疫情初起之时,在向国家治理系统输入疫情信息的过程中,中南医院的领导层和武汉中心医院的领导层所表现出来的两种不同行为模式,为我们提供了生动的比较案例。接到湖北省和武汉市卫健委对医院向外界透露真实疫情信息的回复后,前者仍坚持专业主义原则,努力向各级政治系统输入实际疫情信息,而后者则禁止本院医生向政治系统和社会系统输入疫情信息。②

与个体的“病情”不同,作为突发公共卫生事件的新冠肺炎这类“疫情”具有高度的人际传染性、群体性、社会性。这决定了疫情防控不仅关系到政治系统、医疗系统,更关系到社会系统是否能正常运行。因此,疫情信息也需要被及时输送给社会成员,让其做好自身防护,避免造成更大规模的传染。然而,如前所述,传染病防治属地管理原则使得疫情信息沟通具有“倒U形”模式,加之传染病疫情网络直报系统依附于属地管理原则及其所嵌入的政府系统,对疫情沟通的低效失真的矫治作用有限。在这一疫情信息沟通制度框架下,新冠肺炎疫情突发之初,医疗系统收集的疫情信息只能被输入政治系统,由政治系统加工处理后,再向社会输出。医疗系统与社会系统之间直接进行疫情信息沟通的渠道被切断了。

在这种宏观系统之下,新冠肺炎疫情初起之时,一些一线医生根据实际接触病例和检测信息,预感到新冠肺炎疫情的严重性,从经验上判断新冠病毒会“人传人”。出于医生这一职业所承担的社会责任和对熟人的关心,他们将关于疫情的一些情况传播到微信上,这些情况继而被输入社会系统。他们知道疫情信息沟通制度对医疗系统向

---

① 中共中央办公厅.中共中央办公厅关于加强公立医院党的建设工作的意见[EB/OL].(2018-06-25)[2022-01-25].http://www.gov.cn/zhengce/2018-06/25/content_5301208.htm.

② 关于这两个案例的典型报道,参见萧辉,包志明,高昱.他们打满全场[J].财新周刊,2020(14):52;财新网.武汉中心医院为何医护人员伤亡惨重?[EB/OL].(2020-03-10)[2022-02-25].http://china.caixin.com/2020-3-10/101526309.html.

社会系统输入疫情信息有限制，所以在提醒同事、同学、家人等注意防范的同时，更告诫“大家不要外传”。不过，他们擅自将疫情信息输入社会的行为，最终还是招致了严厉批评①，他们被批“作为专业人士没有原则，造谣生事”，他们“这种不负责任的行为导致了社会恐慌，影响了武汉市发展、稳定的局面”。② 他们受到的批评与压力，使其他一些认识到疫情严重性的群体不得不选择“理性地”沉默。

前文论及，社会关系网络是连接行动者与系统、制度的中观介质。在武汉新冠肺炎疫情信息沟通过程中，社会关系网络发挥了连接个体行动者和政治系统最高决策层的关键作用。除了按属地管理原则上报和通过网络直报系统上报，人脉资源丰富的医疗专业人士还动用私人关系网络，向政治系统输入疫情信息。2020 年 1 月 2 日，作为省管专家型干部③的中南医院院长王行环根据了解到的疫情信息，感觉“要出大事了，SARS 回来了”，并要求全院从即日起进行“战时总动员”，按照 SARS 级别防控“不明原因病毒性肺炎”疫情。同时，他基于对部分省市领导的熟识，在对疫情的严重性与危害性、个人前途、医学专家的职业责任等因素进行排序之后，将“维护老百姓生命安全的国家利益”④置于最高地位，通过私人关系连续向省领导反映实际疫情，指出病毒会“人传人”，再不阻止，要出大事。最后，中南医院院长王行环在通过私人社会关系网络向湖北、武汉两级领导反映疫情但没有引起重视，反而受到对方的压制后，只能再通过私人关系向国家专家组和世卫专家组反映真实疫情。⑤ 最终王行环通过私人社会关系网络，越过地方决策者和守门者，使实际疫情信息输入最高决策系统，为中央做出有关全国性疫情防控的正确决策提供了基础信息。

---

① 财新网. 武汉中心医院为何医护人员伤亡惨重？［EB/OL］.（2020-03-10）［2022-01-25］. http://china.caixin.com/2020-3-10/101526309.html；张玥，张笛扬，敬奕步，等. 四人殉职，四人濒危——武汉中心医院“至暗时刻”［N/OL］. 南方周末，2020-03-11［2022-01-25］. http://www.infzm.com/contents/178912.

② 亲历者讲述：武汉市中心医院医护人员被感染始末［EB/OL］.（2020-02-17）［2022-01-25］. https://news.sina.com.cn/c/2020-02-17/doc-iimxyqvz3653366.shtml.

③ 王行环的任命公告，参见《中共湖北省委组织部干部任前公示公告》（2015 年第 101 号）。

④ 萧辉，包志明，高昱. 他们打满全场［J］. 财新周刊，2020（14）：52.

⑤ 2020 年 1 月 18 日晚上，王行环听说国家卫健委派出的第三批以钟南山院士、李兰娟院士为首的高级别专家组抵达了武汉。王行环和李兰娟院士熟识，19 日他就告诉他们情况的严重性超出想象，武汉的新冠肺炎病人远远超出通报的数量，可能 SARS 重来。武汉以外的湖北市县情况也很严重，但由于没有做核酸检测，没有上报一例。和国家卫健委高级别专家组同期抵达武汉的，还有世界卫生组织的一个高级专家组。同日，中南医院还如实向世卫专家组介绍了情况〔萧辉，包志明，高昱. 他们打满全场［J］. 财新周刊，2020（14）：52.〕。李兰娟院士事后接受《中国卫生》杂志采访时所说的也印证了这一点。她说：“到达武汉后，我与当地的医院院长和有关专家进行交流，了解到有较多的医务人员被感染，也到金银潭医院、武汉市疾控中心以及海鲜市场周边察看。我就意识到，这次新型冠状病毒已经存在人传人，人已经是传染源。”〔孙梦. 李兰娟：如果不“封城”，国家的损失就太大了［J］. 中国卫生，2020（4）：14-19.〕

五、疫情信息沟通中守门者的行动逻辑

系统的信息沟通网络“也是一个以过滤信息为目的的信息传送机制。这里过滤的信息总是与系统成员希望的、与权威性决策的方式有关的信息”[①]。具体发挥信息过滤作用的是系统的各级守门者(gatekeepers)。守门者指在政治系统输入渠道入口处,对作为输入之一的要求或信息进行流量调节、控制、过滤的个人或群体。守门者是确定政治过程的最初材料元素性质的关键结构性要素。守门者这一用语本身就表明,当作为输入的要求沿着系统的通道运动时,处于某一点位的守门者的行为就有可能决定它的命运。[②] 不过,政治系统并不只有唯一的守门者,这是因为,一方面政治系统包含着许多子系统,每个子系统都有自己的守门者,另一方面在多个子系统的关系中,当某个系统的决策者负有向上级系统传递下一级系统所传递来的信息的责任时,他同时扮演着输入者和守门者两个角色,也就是说他在这一过程中既要把下级汇报或自己收集来的信息向上输入,又要对这些信息进行加工处理。例如,在将新冠肺炎疫情按相关法律法规规定的属地管理原则进行层层上报的过程中,地方的卫健委及其疾控中心既是向上的输入者,又是对下的守门者。而地方政府相对于中央政府而言,亦是如此。

就政治系统、医疗系统与社会系统三者的关系而言,医疗系统向政治系统输入疫情信息的过程中,武汉市卫生行政部门扮演着政治系统最前关口的守门人的角色。如伊斯顿所说:“我们必须首先确定何时才能认为要求输入了政治系统,尔后才能虑及这种要求的输入给系统带来了什么样的压力。”[③]而最前关口守门者对所输入疫情信息的反应,关系到哪些信息能够或不能够输入、能够输入的信息何时输入以及如何输入政治系统等诸多方面。

武汉疫情初期,作为政治系统守门人的省、市、区三级卫健委最初的反应还是比较迅速的。自2019年12月27日起,湖北省武汉市卫健委接报多所医院收治多例症状相似的肺炎病例后,省、市、区三级疾控中心工作人员赶赴现场处置。30日,疾控中心

---

① 伊斯顿.政治生活的系统分析[M].王浦劬,译.北京:华夏出版社,1999:140.
② 伊斯顿.政治生活的系统分析[M].王浦劬,译.北京:华夏出版社,1999:101,102.
③ 伊斯顿.政治生活的系统分析[M].王浦劬,译.北京:华夏出版社,1999:60.

内部形成了《关于医院报告华南海鲜市场多例肺炎病例情况的调查处置报告》,并向医疗系统发出《关于报送不明原因肺炎救治情况的紧急通知》。由此看来,此时疫情信息已经比较迅速地从医疗系统传输到湖北的省级政治系统了。2020 年 1 月 2 日前后,武汉市卫健系统已经进入战时状态,成立应对不明原因肺炎指挥部,要求各医院进入战时状态值班。

从中央与地方的关系看,湖北省、市、区三级地方政府知晓疫情信息后,在本级系统内采取了措施,但似乎并没有在《突发公共卫生事件应急条例》所规定的时限①内上报国家卫健委。② 一个侧面佐证是,从 2019 年 12 月 31 日到 2020 年 1 月 18 日,国家卫健委连续三次派出的高级别专家组都没有从地方政府和医疗系统的正规渠道得到真实的疫情信息,特别是关于是否存在"人传人"的关键证据。③ 如果省市卫健委已经主动上报疫情,就应该进一步及时向国家卫健委工作组和专家组报告真实疫情信息。在对国家卫健委专家组隐瞒疫情真实情况的同时,当地政府与卫健委还指示医疗系统阻止一些医生和医院通过网络直报系统向国家疾控中心上报病例。④ 在守门者的阻碍之下,由医疗机构和人员在法定时限内进行网络直报的规定失效,真实疫情信息被拦截下来,未能输入级别更高的政治系统。

作为输入的要求的流量缩减"通常是政府深思熟虑的政策和意图的一个部分。政府提出一些条件使要求不能得到表达或者传递,使之不会在系统中造成影响,这样就使某些要求受到阻碍"⑤。新冠肺炎疫情在武汉初起之时,地方政府官员的阻止输

① 《传染病防治法》第三十三条规定,疾病预防控制机构发现传染病暴发、流行时,应当立即报告当地卫生行政部门,由当地卫生行政部门立即报告当地人民政府,同时报告上级卫生行政部门和国务院卫生行政部门。《突发公共卫生事件应急条例》第十九、二十条规定:发生或者可能发生传染病暴发、流行的,发生或者发现不明原因的群体性疾病时,突发事件监测机构、医疗卫生机构和有关单位应当在 2 小时内向所在地县级人民政府卫生行政主管部门报告;接到报告的卫生行政主管部门应当在 2 小时内向本级人民政府报告,并同时向上级人民政府卫生行政主管部门和国务院卫生行政主管部门报告。省、自治区、直辖市人民政府应当在接到报告 1 小时内,向国务院卫生行政主管部门报告。国务院卫生行政主管部门对可能造成重大社会影响的突发事件,应当立即向国务院报告。

② 尽管时任武汉市委书记说,30 号、31 号"我们上报了国家卫健委,那么才有了国家卫健委派出指导组、专家组来指导我们做这项工作",但国家疾控中心主任高福事后回忆说,他是在互联网上得到的信息,他感到问题不小,自己责任重大,连夜给国家卫健委多名领导分别打电话报警。樊巍. 武汉"解封"周年,回访高福:中国新冠防控在哪些方面领跑?[N]. 财经,2020-03-16.

③ 王瑞,文思敏. 对话高级别专家组成员袁国勇:我在武汉看到了什么[EB/OL]. (2020-03-08)[2022-01-15]. https://china.caixin.com/2020-03-08/101525508.html.

④ 樊巍. 武汉市中心医院医护人员吐真情:疫情是面照妖镜[EB/OL]. (2020-03-18)[2020-06-15]. https://www.sohu.com/a/381155808_120052118;刘远航. 回访武汉基层疾控主任:谁也没想到这个疾病有这么狠[N]. 中国新闻周刊,2020(12).

⑤ 伊斯顿. 政治生活的系统分析[M]. 王浦劬,译. 北京:华夏出版社,1999:142.

入的行为,可能是由多种因素所致。

从作为决策者和守门者双重角色的地方政府官员的角度讲,一方面他们面临着多种制度化与非制度化的约束与激励,如政绩考核、经济发展与社会稳定等。这些目标通常是优先于防范公共卫生突发事件及其引发的系统性风险的。① 在平常,这是合理的,毕竟包括公共卫生建设在内的民生事业要以经济发展为基本前提,但在未知病毒突然引发公共卫生事件之时,这种排序就需要及时改变,以便应对突发情况。但是现实是,在对病毒和疫情认知非常有限的情况下,这种排序很难立即改变。

在新冠肺炎疫情初期,相关专家群体内部对新冠病毒与疫情的认知存在分歧。而认识到其严重性的仅是少数一线专家和医生,多数专家对此认识有限。在此种情况下,作为守门者的地方官员的公共卫生专业知识更加有限。基于这样的情况,湖北省和武汉市两级政府没有及时将相关意见输入政治系统。作为地方决策者和守门者双重角色的地方政府官员的这种做法,阻碍了真实疫情信息的及时输入,使中央决策者难以得到关键疫情信息。

上述地方守门者对疫情信息的过滤、控制等行为,导致实际疫情未能及时输入中央政治系统,因而某些心急如焚的一线医生不得不私下向社会系统传输有关疫情严重性的信息。新冠肺炎疫情具有广泛的社会性、灾难性和系统性,潜在地危及每个人的健康和生命安全,如不及时防控,可能导致所有以人为主体的系统的失灵与瘫痪。随着疫情的加重,真假混杂的疫情信息通过互联网、手机终端等信息化传播渠道迅速蔓延开来。如此一来,守门者不可能像掩盖非系统性风险那样,完全掩盖新冠肺炎疫情信息,这些信息迟早会绕过地方政治系统输入中央政治系统。同时,中南医院院长王行环等人脉较广的专家,在向地方政治系统输入信息无果的情况下,被迫绕过这些守门者,直接将信息输入中央政治系统,这样一来作为政治系统守门者的地方政府也难以向上级政治系统隐瞒。

---

① 在湖北省设定的2020年工作总体要求和重点任务中,经济社会发展的主要预期目标是:地区生产总值增长7.5%左右,城镇新增就业70万人,居民消费价格涨幅3.5%左右,城乡居民收入增长与经济增长基本同步,单位地区生产总值能耗下降1%左右,主要污染物排放量继续下降。要重点做好的九个方面工作中,有六项是以经济发展为中心的,其中提及的“防范系统性风险”主要是从社会稳定、金融危机方面考虑的,仅在民生工作中提及要“加强公共卫生防疫和重大传染病防控”。政府工作报告——2021年1月24日在湖北省第十三届人民代表大会第五次会议上[R].湖北省人民政府公报,2021(5):3-15.

六、疫情信息沟通机制的反转与反思

从以行动者为中心的系统理论来看，作为突发公共卫生事件的武汉新冠肺炎疫情初期信息沟通的过程，为我们提供了一个通过制度约束行动者利益，进而约束行动者采取系统行动模式，最终导致行动者突破既有制度去推动系统运行转向的生动案例。

政治系统出于持续发展的目的，必须要采取一些措施，成功地减少社会实际要求造成的压力输入。这一行为的前提是，政治系统决策层至少能够获得已发生事情的信息，从而正确地感知、判断实际状况，使自己能够在主动或被动行为的限度内作出反应。如果政治系统“不能采取合适的措施对付即将形成的压力，就有可能崩溃”。① 政治系统的地方守门者由于对新冠病毒与疫情认识不足并且花费了大量时间在多种目标之间权衡，因此没有将真实的关键疫情信息及时上报到最高决策层。如此一来，新冠肺炎疫情的迅速蔓延给感染者及其家庭造成了极大身心伤害，不仅导致社会舆情汹涌，还导致了接收被传染者的医疗系统成为疫情的堰塞湖。新冠病毒传染迅速，伤害范围巨大，直接引发了系统性风险。这远远超出湖北省和武汉市政治系统的控制能力，必然对整个政治系统特别是最高决策层造成压力。与一般的系统面临的压力不同，作为突发公共卫生事件的新冠肺炎疫情在短时间内给社会、经济、政治系统造成了极大压力。这种压力的迅速扩散引发了系统性风险。这就要求各级政治系统迅速做出决策以应对，而进行应对要以及时得到真实疫情信息为前提。

如前所述，新冠肺炎疫情在鄂暴发初期，医疗系统向社会系统输入疫情信息的制度化渠道窄化，甚至被关闭。地方医疗专家利用个人社会关系网络撬动政治系统未果之后，只能再次利用个人社会关系网络通过政治系统高层开启的临时性非制度化疫情信息沟通渠道（即国家卫健委高级别专家组），将新冠病毒人传人、疫情严重等关键真实信息输入政治系统高层。这立即触发了突发公共卫生事件应急机制，全国抗击新冠肺炎疫情的战役正式打响。此后，起源于革命战争时期的举国体制充分展现了其全面动员和高效的特征。“在短时间内建立横向到边、纵向到底的危机应对机制，有效调

---

① 伊斯顿. 政治生活的系统分析[M]. 王浦劬，译. 北京：华夏出版社，1999：29，37.

动各方面积极性,全国上下令行禁止,统一行动"①。在这种体制之下,疫情信息沟通模式从倒U形转变为扁平型。一方面,对新冠肺炎按照乙类传染病甲类管理的要求进行处理使地方政府的疫情信息披露权有了制度支持和合法性支撑。扁平型的沟通模式意味着地方政府可以直接向社会发布本地疫情信息,医疗系统收集的疫情信息可以同时按属地管理原则和网络直报原则及时输入各级政治系统。② 另一方面,在中央高度重视疫情和实际疫情的双重压力之下,疫情防控成为各级地方政府多重目标中的优先项。疫情信息能够在政治系统内部各层之间,社会、医疗和政治各系统之间及时通畅地流通,为决策系统动员一切能动员的资源、治疗感染者、开展流行病学调查以及精准防控疫情提供了决策和行动基础。

政治系统论认为,系统是具有反思与学习能力的。关键行动者的反思性学习能力的提升,往往会带来相关制度的变迁。虽然每次应对突发公共卫生事件时反映出来的问题都会引起不同程度的反思,但效果似乎有限。流行病学专家曾光回顾历史时说:"很少有人认真总结SARS的经验教训,也很少有人向官员们讲解疾病防控政策是如何形成的、中间发生了哪些矛盾,又是如何解决的。"③武汉新冠肺炎疫情初期暴露出来的信息沟通等一系列问题,再次引发了政府对公共卫生制度、疾病预防控制制度、疫情信息沟通制度的反思。国家在战略层面上提出了公共卫生、医疗机构和疾病防控体系的改革思路④,并成立了隶属于国家卫健委的副部级机构——国家疾病预防控制局。一些地方已经出台了具体的制度改革方案,如《上海市医疗卫生人员权益保障办法》规定,医疗卫生机构应当确定专门的部门或者人员,承担传染病疫情等突发事件的报告工作;发现传染病病人或疑似病人后,应当通过传染病网络直报系统报告信息。医疗卫生人员发现存在传染危害的新型病例时,有权直接向卫生健康主管部门报告,并建议所在医疗卫生机构采取高级别的防护措施。医疗卫生人员因判断错误而报告的,依法免除其法律责任。这一制度设计免除了突发公共卫生事件应对中专业医务人员向政治系统传递错误疫情信息的责任,激励他们及时传递,从而提高信息沟通的效

① 中华人民共和国国务院新闻办公室.抗击新冠肺炎疫情的中国行动[M].北京:人民出版社,2020:75.

② 从笔者实地考察的情况来看,截至撰文时,医疗机构是先按属地管理原则确诊新冠病例,确诊后再通过网络直报系统上报。

③ 黄思卓.疾控专家曾光:我在疫情"风暴中心"[N/OL].南方周末,2020-12-31[2021-01-25].http://www.infzm.com/contents/198888.

④ 中共中央关于制定国民经济和社会发展第十四个五年规划和二〇三五年远景目标的建议[N].人民日报,2020-11-04(1).

率,并增加发现关键疫情信息的概率。这看似实现了中南医院院长王行环“要让一线医生有预警的权利”的期望,能破解“网络直报干扰因素很多,疫情通报被耽误”的难题。① 不过,从以行动者为中心的系统理论来看,这些具体制度是否能发挥预期的作用,单一或局部制度改革是否能补足系统不足,赋予相关行动者足够的权利是否能保证其按这些制度设计的预期路径选择行动模式,还是个未知数。未来提升我国应对突发公共卫生事件的能力,还需要从国家治理体制的整体角度进行考量和改革。

(作者李月军系华东政法大学政府管理学院教授;徐蓉蓉系华东政法大学政府管理学院硕士研究生)

① 萧辉,包志明,高昱.他们打满全场[N].财新周刊,2020(14):52.

政治传播基础理论研究

参与式艺术与政治传播

——物导向本体论的视角/吴　江

参与式艺术与政治传播
——物导向本体论的视角

◇吴 江

摘要:传送观和仪式观是看待政治传播的两种视角。从物导向本体论的角度看,信息能够改变人们对物与物之间关联远近的认知,信息缺失与近距离偏好造成的不确定性使行动者在政治上依赖于握有信息权的更高者。艺术作品不会因使用政治内容或被赋予政治意涵而丧失艺术自律性,但前提是它具有形式因素并借此获得艺术资格;而参与式艺术的形式因素就是行动者之间各种非功利、非现实的关联所具有的特征。将参与式艺术引入政治传播,有望促成一种政治传播的伦理转向,通过提高建立关联的主动性和减缓媒介强迫性来为行动者之间关联的建立带来启示,进而改变当下政治传播过于强调回应性和终局性的局面。就此而言,参与式艺术是传送观和仪式观的统一。

关键词:物导向本体论,政治传播,参与式艺术,扁平本体论,形式主义

詹姆斯·凯瑞(James Carey)指出,人们可以用两种方式理解传播:一种是基于传送观(transmission view)的理解,另一种是基于仪式观(ritual view)的理解。① 仿照凯瑞的说法,我们也可以说政治传播分为两种,它们分别基于传送观和仪式观:前者关注政治信息的分发和传递,后者关注与政治相关的分享、伙伴关系和共同信念。我们的问题是:是否存在一种能够使基于传送观和仪式观的政治传播统一的方式?

为了回答这一问题,本文首先提出了一种建立在物导向本体论(object-oriented

① CAREY J. Communication as culture:essays on media and society[M]. New York:Routledge,2009:12,15.

ontology,下称OOO)基础上的政治本体论,并借此对政治传播的伦理转向等问题展开分析,进而说明参与式艺术(participatory art)正是一种使上述两种观点下的政治传播得以统一的形式。

OOO是发端于20世纪90年代的一个非常松散的哲学流派,该流派中的格拉汉姆·哈曼(Graham Harman)、列维·布莱恩特(Levi Bryant)、伊恩·伯格斯特(Ian Bogost)和蒂莫西·莫顿(Timothy Morton)等学者通过在艺术的本质、人类与机器的关系、生态问题等方面的研究为OOO的发展作出了贡献。总体来看,OOO能够在短时间内产生较大影响的原因有两个:一是OOO主张一种不带成见的扁平本体论(flat ontology),下文会对此进行详细论述;二是OOO具有理解上的明晰性,并且在被用于解释哲学领域以外的主题时,具有方法论上的灵活性。这也正是我们把理论基础建立在OOO上的理由。

参与式艺术是指将观者与艺术家或表演者之间的互动以及观者之间的互动设定为自身一部分的艺术。这个范畴与行为表演艺术、互动艺术、合作艺术、社会参与艺术等范畴有所重叠。参与式作品可能同时是行为表演作品,也可能不是,例如,吉利安·维尔英(Gillian Wearing)的《你的视野》(*Your Views*)就是非表演的参与式作品。互动艺术涉及人与物或人与人之间的互动,可见互动艺术涵盖了参与式艺术。合作艺术或社会参与艺术基本上等同于参与式艺术,但亦可特指那些强调社会性或共同实践,强调"重获共同世界失去的意义或修复社会纽带的裂隙"①的参与式艺术,

尽管人们有理由宣称历史上任何引入参与元素的艺术作品都具有政治性,但这种说法是颇具争议的,因为它能否成立取决于如何像雅克·朗西埃(Jacques Rancière)②等学者那样阐释政治及其与艺术的关系。我们因而采取相对保守的看法,认为能够代表参与式艺术与政治传播这两者真正有意义的初次结合的,不是达达主义或未来主义的早期尝试,而是十月革命之后无产阶级文化教育组织(Proletkult)以及谢尔盖·爱森斯坦(Sergei Eisenstein)等人发起的理论探讨和文化实践,正是这些探讨和实践把群众景观(mass spectacle)、集体作者权、工人阶级表达模式等新范畴引入了艺术领域。③ 此后,影响参与式艺术不断发展的因素,除艺术自身的演进、哲学思想或艺术批评的启发

① RANCIÈRE J. Aesthetics and its discontents[M]. Cambridge:Polity,2009:122.

② RANCIÈRE J. The politics of aesthetics[M]. London:Bloomsbury,2013:13-14.

③ BISHOP C. Artificial hells:participatory art and the politics of spectatorship[M]. London:Verso,2012:41,51-57.

之外，还包括法国“五月风暴”、撒切尔政府上台、东欧剧变以及数次国际金融危机等各种重大政治经济事件。20 世纪 90 年代，在当代艺术的所谓“社会转向”中，阿拉·普拉斯蒂卡（Ala Plastica）、弗朗西斯·埃利亚斯（Francis Alÿs）、里克力·提拉瓦尼（Rirkrit Tiravanija）、莎朗·海耶斯（Sharon Hayes）、塔尼亚·布鲁格拉（Tania Bruguera）等艺术家创作出众多强调合作、伦理、身份、集体性、社会包容或场地特殊性等元素的参与式作品。这些作品一方面具有多样化的深刻主题，另一方面提供了丰富的参与方式，有充当群众演员、朗诵、接受馈赠、共同制作手工制品等简单且精力投入较少的参与方式，亦有像参与深度对话或研讨班、运营 NGO、开展科学研究这种对精力和专业性要求较高的参与方式。与此同时，学者和策展人[①]越来越多地从政治角度而不是审美角度展开艺术评价，进一步巩固了此类艺术的合法性并启发了后续的艺术实践。

本文第一部分将介绍 OOO 和建立在其上的政治本体论，并对近距离关联、信息、艺术等关键概念进行定义；第二部分将结合对艺术自律性和形式主义的探讨来说明将参与式艺术用于政治传播的合理性，并对两个参与式作品案例进行评论；第三部分将提出，参与式艺术能够用来缓解当下政治传播领域的回应性和终局性渴求，从而促成一种政治传播的伦理转向；第四部分在总结全文的同时提出若干将参与式艺术引入政治传播的建议。

一、理论基础：物导向的政治本体论

本研究之所以被视为建立在 OOO 的基础上，是因为它借用了 OOO 的两个基本假设：扁平本体论和关联论。限于篇幅，笔者无意在此分析 OOO 与其他哲学思想之间的异同并据此检视 OOO 的合理性。笔者只需提及，OOO 与它的理论对话者[②]在诸多议题上存在交集，这些对话者包括海德格尔、怀特海、克莱门特·格林伯格（Clement Greenberg）等。在这其中，最重要的对话者是布鲁诺·拉图尔（Bruno Latour）：尽管拉图尔的行动者网络理论与 OOO 之间存在巨大差异，但前者对后者在理论建构方面的

---

① BISHOP C. Artificial hells：participatory art and the politics of spectatorship［M］. London：Verso，2012：23.

② HARMAN G. Speculative realism：an introduction［M］. Cambridge：Polity，2018：91，119.

影响是显而易见的,而且拉图尔亦曾使用“物导向的政治学(object-oriented politics)”①这一提法。

(一)扁平本体论:物是平等的吗

在OOO中,扁平本体论是指“以同样的方式对待物,而不预先假设不同类型的物需要完全不同的本体论”②,而“任何尺度,不管是微观、宏观还是中观,都不能被奉为比其他尺度更实在或更本源的尺度”③。物则是指任何“既不能被完全还原为其组成成分,也不能被完全还原为其对他物的效果”④的东西。例如,对于编程软件中的算法,我们必须就其本身来看待它,既不能只把它看成是单纯的代码(因为算法的功能超过了组成它的代码的简单并列),也不能把它看成是完全为数据分析项目服务的工具。简而言之,扁平本体论与物这两者是相互定义的——前者是指各种东西的平等状态,后者是指处在平等状态中的各种东西。对此,我们可以进一步作出说明。

第一,扁平本体论不对非人类的客体与人类主体进行区分。⑤ 要注意的是,“object”(常被译为“客体”或“对象”)时常指被动的、被认识或被改造的东西;与此相对的“subject”则意指具有主动性的、有着认识或改造活动的东西。不过,如拉图尔所言:“尽管行动者总是主动的,……但是一些行动者会被其他行动者看成是被动的。”⑥换句话说,任何东西都是既主动又被动的,主体和客体可以被看成平等之物。当然,这种说法并不是要否定主体与客体的现实的差异,而只是强调它们在本体论层面的相同性而已。

第二,扁平本体论承认物可能是纯自然物、纯文化物或者这两者的混合物,但仍认为它们在本体论层面是平等的。在这个问题上,哈曼并不认同拉图尔把一切物都看成自然与文化的混合物的做法。⑦

---

① HARMAN G. Object-oriented ontology: a new theory of everything[M]. New Orleans: Pelican, 2017: 142-143, 145; LATOUR B. An inquiry into modes of existence: an anthropology of the moderns[M]. Cambridge: Harvard University Press, 2018: 327, 337.

② HARMAN G. Object-oriented ontology: a new theory of everything[M]. New Orleans: Pelican, 2017: 54.

③ MILLER A. Speculative grace: Bruno Latour and object-oriented theology[M]. New York: Fordham University Press, 2013: 25.

④ HARMAN G. Object-oriented ontology: a new theory of everything[M]. New orleans: Pelican, 2017: 43, 51.

⑤ HARMAN G. Art and objects[M]. Cambridge: Polity, 2020: 160.

⑥ LATOUR B. The pasteurization of France[M]. Cambridge: Harvard University Press, 1988: 120.

⑦ HARMAN G. Object-oriented ontology: a new theory of everything[M]. New Orleans: Pelican, 2017: 58.

将以上第一点和第二点综合起来可知，OOO 中的物是一个几乎可以涵盖一切的概念，它既可以指独立的物理物，也可以指一个涉及多个人或物的历史事件，还可以指观念、纯想象物（例如神话）、虚拟物（例如用软件生成的统计模型），等等。

第三，物的位置没有高低之分。扁平本体论承认多个物可以组合或统一，但新生成的物并不处在更高的位置，它只会“被添加（added）到它意图聚集的那些物所组成的序列的末端”[①]。例如，水分子由两个氢原子和一个氧原子组成，但扁平本体论只会把它看成一个与其他三个原子平等的第四者。

对于扁平本体论的上述三方面含义，人们不禁会问：支持这样一种乍看上去有些反现实的怪异本体论有什么好处？如哈曼所言，这样做恰恰可以“防止把任何不成熟的分类学从外部偷运到哲学中”，而无论是把万物分成创造者与被创造者的中世纪哲学还是分成人与其他存在者的现代哲学都是这种反面典型。[②] 或者说，扁平本体论是在从方法论的层面落实胡塞尔的现象学悬搁：在排除任何关于世界的预先判断和学说的情况下，利用直观的方法来进行哲学研究。

（二）关联论：万物皆关联吗

尽管很多哲学思想都把万物之间存在关联当成默认假设，但它们在事物到底以何种形式关联的问题上持有不同观点。哈曼的 OOO 对此的看法是：第一，物与物之间的关联在关联的强度和方式上并不是对称的，这与行动者网络理论不同，后者认为任何关联都是相互的和对称的。[③] 第二，必须承认，有些物之间确实是没有任何关联的。[④]

与哈曼的分类方法不同，我们在此将关联分为实证关联和幻觉关联两种类型。实证关联是指真实存在的关联；幻觉关联则是指纯粹概念层面的关联，或者说，它意指的是物之间根本不存在关联的状态。仅就幻觉关联也算是关联而言，我们才可以说万事万物都是有关联的。在图 1 中，物由用 a 至 g 标记的节点表示，实证关联用实线表示，幻觉关联用虚线表示。a 与 b 之间的关联 aR_1b 是实证关联，并且是没有中介环节的直接关联；而 a 与 d 之间的实证关联 $aR_1bR_2cR_3d$ 则是包含 b 和 c 的间接关联；g 与 h

---

① MILLER A. Speculative grace: Bruno Latour and object-oriented theology[M]. New Orleans: Fordham University Press, 2013: 27.

② HARMAN G. Object-oriented ontology: a new theory of everything[M]. New Orleans: Pelican, 2017: 55.

③ HARMAN G. Object-oriented ontology: a new theory of everything[M]. New Orleans: Pelican, 2017: 107, 135, 145.

④ HARMAN G. On vicarious causation[J]. Collapse II, 2007: 171-205.

之间不存在关联,但我们仍可以声称它们之间存在一条幻觉关联 gR_9h;尽管 a 与 d 之间已存在一条间接的实证关联,但我们仍可以说它们还可以用幻觉关联 aR_4d 联系起来;aR_5eR_6d 是混合关联,因为它同时包含实证关联和幻觉关联。

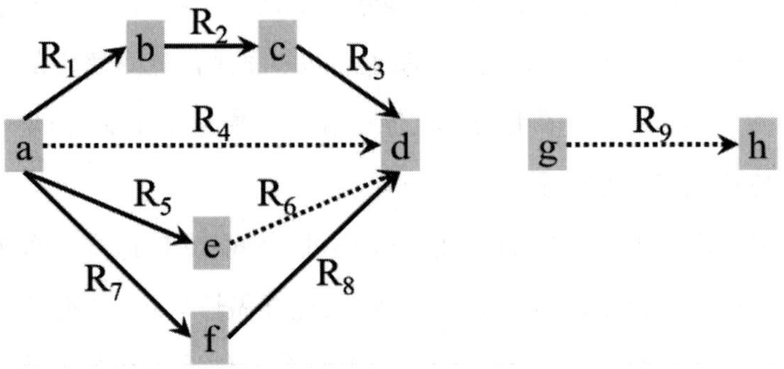

图1 实证关联与幻觉关联

(三)近距离偏好:我们为什么偏好更近的关联

两个物之间的距离是指联结两个物的路径中包含的中介物的数量。尽管距离有远近之分,但是主体更加偏爱较近的关联。例如,在图1中,a 与 d 之间有多条路径,但主体更偏好较近的路径 aR_7fR_8d,甚至是本不存在的 aR_4d,而不是包含多个中介节点的路径$aR_1bR_2cR_3d$。那么,为什么会出现近距离偏好?笔者将从两个方面对此进行说明。

解释一:抗拒(resistance)与可用性(availability)。亚当·米勒(Adam Miller)在阐释拉图尔的行动者网络理论时提出了抗拒式可用性(resistant availability)的概念。[①] 一物在与他物发生关联时,总会利用他物、对他物提出要求或改变他物,但同时,它自身也会被他物利用,被他物提出要求或改变。因此,抗拒就是指物在保持自身的过程中被动地拒绝被他物利用,并且主动地尝试利用他物。可用性则是指,无论这种抗拒多么有效,一物总是不可避免地被他物利用。如果我们接受抗拒式可用性的逻辑,那么就可以说,主体之所以偏爱近距离并厌恶远距离,是因为距离越远,它要打交道的物就越多,它就越是需要花费精力来改变他物并拒斥他物对它的改变。不过,笔者不认为这种说法能够真正解释近距离偏好,这是因为,我们似乎没有理由宣称抗拒性比可用性更重要、更优先。因此,我们不得不寻求另一种解释方法。

---

① MILLER A. Speculative grace: Bruno Latour and object-oriented theology[M]. New York: Fordham University Press, 2013: 39, 50-51.

解释二:无限关联。无论是在现实中还是在理论分析中,我们都不可避免地进行诸如"a 与 b 之间存在关联 R"这样的描述——这个描述的潜在含义是 a 与 b 之间是直接相关的。但可能的情况是,a 与 b 之间的关联不是直接的,而是间接的,二者之间还存在着节点 x_1、x_2、x_3……及一系列相互关联;而 x_1 与 x_2 之间,亦存在着节点 y_1、y_2、y_3……及一系列相互关联。这样一来,我们就遇到了一个有着康德的二律背反性质的问题:物与物之间存在没有中介节点的直接关联,还是说,物与物之间的一切关联都是间接关联。

设想,"我"与杯子原本是毫不相关的两个物,仅就"我"用杯子喝咖啡而言,"我"才与杯子存在关联,因此咖啡就是"我"与杯子之间的中介节点;如果咖啡不存在,那么要么"我"与杯子需要别的中介(例如茶),要么任何关联都将不存在。或者,消费者与商家原本是毫不相关的两个主体,他们仅就存在着的商业体系及可买卖的商品而言,才能够发生关联。这就是说,任何两物之间的关联都不是纯粹关联,而是相对于某个方面的关联;这里的"相对于某个方面"就暗示着第三者的存在;若排除掉所有第三者,那么一切关联都不会存在。换句话说,任何关联都是包含中介的间接关联,而不可能是直接关联。这一微观—宏观之轴是向两端无限延伸的:如果我们更加贴近微观一端,就会发现无数更加细微的关联;如果贴近宏观一端,则会发现原本被认为足够宏观的关联其实是更加宏观的关联的一部分。但问题在于,一方面,既然轴的两端都是无限延伸的,那么主体就不能找到某个确定的位置;另一方面,生活在经验世界中的主体又必须在这个微观—宏观之轴上确定一个自己可观察、可利用的层次。在这种矛盾情况下,主体采取的方法就是忘记/忽略/排斥只存在间接关联这一点。显然,这种对间接关联的否定,实际上就是对中介环节的否定。这种尽一切可能否定中介环节的倾向就是近距离偏好。

近距离偏好解释了关于扁平本体论的一个关键问题:如果物与物之间的关系是扁平的,那么为何人们还会认同或追求等级关系?答案是:与较远的关联相比,较近的关联只保留了少量节点,而否定了其他的节点。任何形式的等级制中的更高者本质上都是这种否定性力量,人们对更高者的偏好本质上就是近距离偏好。

(四)信息:不确定性如何催生权力

我们把任何能够改变主体关于两个物之间距离远近的认知的物称为信息。以图

1为例,主体原本认为a与d之间只存在一条较远的路径$aR_1bR_2cR_3d$,或是认为两者之间不存在关联(即aR_4d),但现在某物使主体认识到还有一条较短的路径aR_7fR_8d可以联结两者,某物因此可被称为一个信息;相反的情形也可能出现,即一个信息使主体认识到原本被认为较短的路径实际上不存在。当然,实际情况可能是多个物形成一个包含多条关联的网状结构,而一个信息可能使主体对这一结构中的多条路径的认知同时发生改变。

信息的来源有两种:证据和集体性。证据是指直接修正距离判断的事物。集体性则是指,很多主体对于距离的远近抱有类似的信念,在此情况下,即使"我"没有看到证据,也会采纳众人的判断。但这并不是说他人的数量越多越好,因为在人数增加的同时,新增的人在增加"我"的信念强度上的作用是负向的。主体偏爱更短的距离,因而信息无时无刻不是稀缺的,这样一来,主体就总是生活在一种不确定性中:怀疑自己现有的关联还不够短,相信仍存在着自己还不知道的更短的关联。在这种不确定性下,主体把信任交付给一个被认为掌握更多信息因而能够建立更短关联的更高者。要说明的是,这种将不确定性与最高权力的起源联系起来的观点早已出现在其他学者的论述中。众所周知,霍布斯将人们对自然状态中的死亡和暴力的恐惧看作国家的起源;不过萨曼莎·弗罗斯特(Samantha Frost)却对霍布斯的观点给出了一种新颖的解释。① 在她看来,人们要想规避伤害,就必须理解导致伤害的因果关联(什么会导致伤害,什么不会)。但是生活是一个复杂的因果场域,人们会因为无法确定因果关联而感到焦虑。在这种情况下,一个得到人们认可的最高者可以缓解这种焦虑,这不仅是因为最高者实施的惩罚可以直接阻止不法行为,更是因为,此时的威胁主要是人类社会内部的惩罚带来的威胁,这种相对简单且明确的威胁取代了自然状态中的纷乱的威胁,从而使趋利避害的人们产生更可靠的预期并以此规划自己的行动,进而在这种规划中体验到一种自主性。笔者在基本认同弗罗斯特的分析的同时也做出了一些重要修改:首先,笔者认为使主体产生不确定感的关联是多种多样的,并非仅限于因果关联;其次,与她把人们认可最高权力的原因归结为规避伤害不同,笔者从政治本体论的层面出发把原因归结为近距离偏好和信息的稀缺。

掌握权力者的运作体现为两个方面。第一,尽管他表面上被人们视为更高者,但

---

① FROST S. Fear and the illusion of autonomy[M]//COOLE D, FROST S. New materialism: ontology, agency and politics. North Carolina: Duke University Press, 2010: 158-177.

从扁平本体论的视角来看，他也是诸多行动者中的平等一员，也需要去“组队、串接、联系、组建网络、谈判、妥协和创建”①，或者说，他既改变或利用其他主体，也被其他主体改变或利用。第二，必须承认，掌握权力者确实是更为强大的行动者，而这种强大就来自其运作的更为本质的一面：他被其他主体视为信息的有效掌控者。例如，他可以揭示或掩藏一条实际存在的关联，可以在掩藏一条较近关联的同时展示一条较远的关联。不过，在主体具有近距离偏好的情况下，说服人们相信或实或虚的更短关联的存在，才是获得认同的关键。

当然，每个主体都有自己的局部关联网络，掌握权力者不可能深入到每个网络中去，只可能处理这些网络中重叠着的公共部分。我们把处理这种公共网络的过程称为政治，把处理公共网络的能力称为权力。主体固然可以传播各种跟关联远近有关的信息，但是只有与公共网络相关的信息才可被称为政治信息；政治传播就是传播公共信息的过程。政治传播主体既可能是掌握最高权力者，也可能是其他主体。

（五）非现实的关联：艺术到底传递了什么信息

在《艺术与物》（*Art and Objects*）中，哈曼从 OOO 的角度将艺术的本质解释为实在物与可感属性之间的张力，即 RO－SQ（real object-sensual quality）。② 鉴于本文提出的理论并未对实在性与可感性进行区分，所以笔者在此不采纳哈曼的观点。但与此同时，笔者要接受他的另一个观点：

> 如果事实上任何人类理论、任何在感知上或实践上与物的照面都无法穷尽事物的实在性的剩余的话，那么非人类的物之间的相互关联也是如此。……当石块撞击池塘表面时，……单向或双向的影响在它们之间产生了。但显然石块没有穷尽池塘的实在性，并且池塘也没有与石块的全部实在性打交道。③

换句话说，物本身包含着无法穷尽的维度，当物与另一物关联时，它实际上只是拿出自己的一个或多个维度以便与另一物的一个或多个维度建立关联。这意味着两个

① MILLER A. Speculative grace：Bruno Latour and object-oriented theology［M］. New York：Fordham University Press，2013：20.

② HARMAN G. Art and objects［M］. Cambridge：Polity，2020：24.

③ HARMAN G. Art and objects［M］. Cambridge：Polity，2020：19-20.

物之间可能有一种以上的关联方式。让我们以作品《我的纽约》(*My New York*)(见图2)为例来进行说明。在表演过程中,艺术家穿着用生牛肉拼接而成的“衣服”以仪式化的形式出现在街头,并且邀请过路者放飞和平鸽。牛肉可以提供能量,但是被穿在身上的牛肉却是易腐的,显得古怪、脆弱。艺术家意在表达的是,底层劳动者固然可能身强力壮,但是如果政治经济层面的实质变革没有发生,他们单纯依靠体力是难以改变自身命运的。吃和被吃,是人与牛肉之间的日常关联,然而作品调用的并不是这种日常关联,而是一种非日常、非现实的关联:穿和被穿。

图2 张洹:《我的纽约》

更极端的情况是,艺术作品还尝试在基本无甚关联的事物之间建立关联(图1中的gR_9h)。一个典型例子是约瑟夫·透纳(Joseph Turner)的《运奴船》(*The Slave Ship*)(见图3)。画作的上半部分用暖色调描绘了绚丽迷人的海上落日,下半部分呈现的则是一个极其恐怖的场景:一艘运奴船为了获得保险赔偿而在台风来临前把大批已死或未死的奴隶抛入狂暴的大海中。这件作品固然可以按照通常的解释被理解为对奴隶贸易的控诉,但更加值得关注的是一个奇怪的并置:我们在同情受害者并为惨剧感到愤怒的同时竟然还有余暇欣赏美丽的景色,这种感受让观者自己都感到羞耻和尴尬。但这恰恰是艺术家希望取得的效果,这是对每个人内心中的无情和虚伪的拷问:你在谴责奴隶贸易的同时也在享受它带来的好处,这跟从描绘惨剧的画作中得到美的享受又有何区别?不过,让悲惨事件和美丽景色这两个无关事物关联起来的那个中介物是什么呢?答案是作为媒介的颜料——艺术家用具有吸入感的构图和模糊的笔触呈现的效果使得无论是落日、大海还是运奴船和海中挣扎的奴隶都无法摆脱消解在颜料中的命运。

图3 透纳:《运奴船》

一件艺术作品总是会同时安排多组不同的并置。例如,绘画包含颜料与画布的并置、不同色调的并置、背景与人物的并置、主要人物与次要人物的并置等，而戏剧则包含人物性格与历史社会环境的并置、有矛盾纠葛的不同人物的并置、剧情的舒缓与紧张的并置等。对于每一组并置物，艺术家都要在两者间建立关联，要么在日常关联之外建立新的关联（《我的纽约》中的人与牛肉），要么在完全异质的东西之间建立关联（《运奴船》中的惨剧与美景）。这样看来，艺术与政治的共同之处在于它们都试图建立关联，但不同之处在于，政治作为信息的掌握者，仅仅声明存在某种关联即可，而艺术则必须让那种关联表现出来——尽管是以非日常、非功利的形式来表现。我们因而可以说，总体来看，艺术就是对一系列并置物的安排以及在并置物之间建立新的关联。当然，这只是对艺术的一个本质维度的总结，而不是关于艺术的充要条件式定义。

二、关键问题：参与式艺术的政治性和形式因素

如果被问起艺术在政治传播中能发挥什么作用，我们或许可以直接在 1997 年被提交给英国文化政策制定者的一份名为《功用或装饰？艺术参与的社会影响力》（*Use or Ornament? The Social Impact of Participation in the Arts*）[①]的研究报告中找到答案。该报告提到了包括增强人们的信心、鼓励人们互动、增进共同体联系、提升组织能力、让人们勇于承担社会风险等在内的多达 50 种作用。暂且不探讨该研究报告的价值观内涵，[②]被提到的这些作用的共同特点就是，它们都是政治社会层面的直接作用，而艺术品质和艺术欣赏层面的内容并未被提及。此处的问题是：如果艺术作品的艺术性可以忽略不计的话，那么何必用艺术作品来进行政治传播呢？艺术作品与其他具有政治传播作用的新闻、政论、学术研究、讲话、宣传册等媒介相比又有何特点？对这两个问题的回答不可避免地涉及艺术的自律和形式主义的问题。然而，尽管哈曼深入探讨了这两个议题，但他的主要目的是反驳艺术作品必然与各种社会因素相关的观点。[③] 笔者

---

① MATARASSO F. Use or ornament? The social impact of participation in the arts[R/OL]. (2017-05-01) [2021-02-21]. https://www. artshealthresources. org. uk/wp – content/uploads/2017/01/1997 – Matarasso – Use – or – Ornament – The – Social – Impact – of – Participation – in – the – Arts – 1. pdf.

② BISHOP C. Artificial hells: participatory art and the politics of spectatorship[M]. London: Verso, 2012: 14.

③ HARMAN G. Art and objects[M]. Cambridge: Polity, 2020: 32-33.

接下来亦将对艺术自律和形式主义展开分析,并以此说明适用于政治传播的参与式艺术作品的特征。

(一)艺术自律性:艺术能具有政治性吗

当我们说一件艺术作品与政治、宗教、伦理、教育等方面有关时,这里的“有关”到底是什么意思?我们可以区分出以下两层意思。

第一层意思是指艺术作品选择了何种内容,或者说,艺术家是否安排了跟政治因素有关的一对或多对并置物。在黑格尔看来,浪漫型艺术“愈变成世俗化的,它也就愈来愈多地栖息于有限世界,使用有限事物,让它们尽量发挥效力。……最高的境界和最重大的旨趣同最不重要的或次要的东西摆在一起”①,这样才能“有助于使它自己从所表现的内容中解放出来”②。换句话说,当社会生活中的一切内容素材都可以被使用时,艺术的自由才得以实现。然而,格林伯格所理解的现代主义则在朝着相反的方向努力,拒绝使用政治内容,艺术家“在将其兴趣从日常经验的主题材料上抽离之时,就将注意力转移到了相关手艺的媒介上来”,并且“他们的艺术那令人激动之处,似乎主要在于他们对空间、表面、形状、色彩等的创意和安排的单纯兴趣,从而排除了一切并非必然地内含于这些要素的东西”。③

第二层意思是指艺术作品被从哪些方面评价或发挥何种现实作用。例如,作品的政治性就是指作品可以引发政治方面的评价或能够间接地发挥政治作用。第二层意思与第一层意思并不重叠,这是因为,一方面,一件使用政治内容的作品并不一定意在引发某种政治效应;另一方面,一件被不关心政治议题的艺术家制作的、完全不涉及政治内容的作品却可能被视为具有政治意涵或被用来发挥政治功用。

在笔者看来,艺术自律性并不涉及上述第一层意思(或者说,艺术可以自由地选择是否采用政治内容),而只与第二层意思有关。对于艺术是否可以介入政治(以及其他社会生活方面)的讨论取决于如何理解席勒在《审美教育书简》中对希腊雕塑的描述:希腊人让神“从各种目的、各种义务和各种操心中解脱出来,并且让清闲和漠不关心(indifference)成为神性中令人羡慕的一部分”④。笔者把这里提到的漠不关心视

---

① 黑格尔.美学(二)[M].朱光潜,译.北京:商务印书馆,2017:365.
② 黑格尔.美学(二)[M].朱光潜,译.北京:商务印书馆,2017:377.
③ 格林伯格.前卫与媚俗[M]//艺术与文化.沈语冰,译.桂林:广西师范大学出版社,2009:3-24.
④ SCHILLER F. On the aesthetic education of man[M]. Mineola:Dover Publications,2012:64.

为艺术自律性的核心,并将其理解为这样一种“无所谓”的态度:一方面,只要一件艺术作品还能被称为艺术作品,那么它就可以跟它所具有的非艺术的意义断开联系,或者说,它既可以拥有政治、宗教、文化等方面的功能,也可以不拥有。另一方面,艺术家甚至可以主动接纳或排斥这种社会功用,前提是这样做不影响作品的艺术性。就此而言,笔者与哈曼相同,都不同意朗西埃对政治与艺术之间的亲密性的分析。[①]

阿多诺说:“对艺术忠诚最大的打击就在于,即使是好的意图,当其被听到时,听起来也像是一个错误的音符;因此,它在掩饰自己的时候就更加错误了。”[②]换句话说,阿多诺担心政治性会使艺术的自律性受到损害。然而,如果我们能如上文那样将自律性理解为漠不关心的话,就可以批评阿多诺太过质疑政治艺术作品了。艺术自律性要求对政治性保持漠不关心,但并非完全排斥政治性;而时刻留意并撇除任何政治性反而是过度在意而非漠不关心的表现了。给艺术作品加上政治意图可能会影响其艺术品质,但并不是必然会影响。精妙的作品完全可以在体现政治性的同时让艺术品质不打折扣。

现代主义对自律性所持的看法是:不仅艺术必须抽离于社会功能,而且为了确保这种抽离,还必须如上文中格林伯格的引文所说的那样,在内容选择方面使作品抽象化,只关心颜色、形状等形式因素,拒绝现实内容。当然,其他艺术流派并不认同现代主义的范式,比如,波普艺术试图获得自律性的方式不是拒绝现实内容,而是故意使用大众文化和消费领域的形象并对其进行修改和夸大,以期取得戏谑和反讽的效果。

(二)形式主义:参与式艺术的形式因素是什么

什么是形式?什么作品具有形式?在强调形式因素的现代主义看来,优美的线条、富有韵律感的形状、符合某种视觉规律的颜色对比、对媒介特殊性的应用等无疑具有形式美。但是,是否有无形式的艺术作品?更具体地说,参与式艺术是否拥有形式?我们的回答是:一切作品都有形式。例如,那些看上去由艺术家随意生成的作品大多有着颇具辨识性的外观,并且这种外观至少也是符合统计学规律的;又例如,极简主义作品在形式上是枯燥的,但形式枯燥亦不代表没有形式,这是因为,作品的尺寸、质地、排列方式、与展览空间的协调配合等就是使作品产生艺术效果的形式因素。在罗莎

---

① HARMAN G. Art and objects[M]. Cambridge:Polity,2020:130-131.

② ADORNO T. Notes to literature(vol. 2)[M]. New York:Columbia University Press,1992:87.

琳·克劳斯(Rosalind Krauss)①所说的后媒介时代,艺术家为了把旧媒介另作新用或引入各种媒介而发明出新的规则。就此而言,并不是说后媒介时代的作品没有形式,而是说,此时媒介的种类远远多于只具有少数特定媒介形式的现代主义阶段,以至于人们难以把一些形式规律打包起来并打上形式主义的标签。在后媒介语境下,形式绝不可能仅限于线条、颜色、空间传统因素。从OOO的角度看,艺术就是对多组并置物的安排,其中每一组并置物都包含自己的一套关联,而这些关联正是作品的形式。因此,我们不可能抛开形式所依存的那些并置物来理解形式。

正如尼古拉斯·伯瑞奥德(Nicolas Bourriaud)②等学者已经提及的那样,参与式艺术亦可拥有形式。参与式艺术的特殊之处就在于在并置的主体(观者与表演者或观者与其他观者)之间建立互动关联,这些作品中的千差万别的互动在互动的密度、时长、网络聚集的模式、参与者精力的集中度等多个方面有所不同。这些关联以及关联所拥有的这些有差异的方面正是参与式艺术的形式。例如,玛丽娜·阿布拉莫维奇(Marina Abramovic)的《艺术家在场》(*The Artist is Present*)每次只允许一个参与者与艺术家对视,互动密度很低;参与者之间是没有互动的,因此聚集模式是一个以艺术家为中心的星状网。里克力·提拉瓦尼在《无题(自由)》[*Untitled*(*Free*)]中把厨房和餐厅搬到了艺术馆中,为观者提供咖喱饭和交流空间,使得观者既可以与表演者交流也可以与其他观者交流,因而具有较高的互动密度。我们认为,正是形式因素构成了艺术作品能够被称为艺术作品的特征;进一步讲,正是政治参与式艺术的形式因素使此类作品在发挥政治传播作用时不同于新闻、学术研究、演讲等其他发挥此类作用的媒介。

(三)标准:适合发挥政治传播作用的艺术作品是什么样的

以上分析有助于我们阐明满足何种标准的作品能够发挥政治传播作用。

第一,艺术价值。如上所述,作品必须通过形式因素来创造艺术效果,激发体验,从而确保自身的艺术价值,并以此将自己与单纯的新闻、政论、学术研究、宣教等区分开。反过来讲,如果作品本身缺少艺术影响力,恐怕也很难在政治传播方面发挥作用。

---

① KRAUSS R. Reinventing the medium[J]. Critical inqury,1999,25(2):289-305;KRAUSS R. "Specific" object[J]. Anthropology and aesthetics,2004,46:221-224.

② 伯瑞奥德. 关系美学[M]. 黄建宏,译. 北京:金城出版社,2013:12-17.

在此,我们可以完全理解克莱尔·毕晓普(Claire Bishop)在反驳格兰特·凯斯特(Grant Kester)时提出的观点:

> ……不安、不适或沮丧——以及恐惧、矛盾感、兴奋和荒谬感——对于任何作品的艺术影响力而言都是重要的。这并不是说伦理在艺术作品中不重要,也不是说它与政治无关,而只是说伦理并不是总要以一种如此直接和高姿态的方式明示或演示出来……对人们的过度操心(预先判断人们有能力做什么事情)就像企图侵犯人们一样具有威胁性。①

第二,可以让大众明确识别出来的与政治内容相关的元素。如上文分析的那样,使用政治元素与作品是否体现政治意涵或发挥政治作用是无关的,并不会从实质上影响作品的艺术自律性。任何作品都可以被赋予政治内涵,只是被赋予这种内涵的难度有所不同并且政治内涵的深刻程度有所不同而已,而艺术本身对此是漠不关心的。例如,莎朗·海耶斯的《在不远的将来》(*In the Near Future*)和《曾经之后》(*After Before*)直接以美国总统竞选和性别问题为内容,显然能够引发政治上的解读。相反,吉利安·维尔英的《你的视野》显然不包含任何政治元素,但我们仍然可以从政治层面解读:这个作品试图唤起世界人民的共同体验,并且号召人们留意在忙碌的生活中被忽略的窗外景象,这些景象虽然平淡无奇,但在作品中却显出了迷人的如画性,似乎是一种可以对抗资本主义文化产业价值观侵略的疗愈力量。然而,这种在一定的政治知识的基础上给出的政治化解读恐怕只能满足少数专业人士的需要,却并不能打动普通欣赏者。政治传播是面向大众的,因此必须要承认,尽管作品并非必须纳入一些政治内容,但只有在这样做时,才会让观者更容易地意识到其政治性。

第三,"不可能"的信息。如本文第一部分的理论分析所说,政治传播是政治信息的传递,而信息是能够改变人们对关联远近的认知的东西,那么,政治参与式艺术要传递什么样的信息呢?显然,《我的纽约》中的观者接受艺术家的要求亲手放飞和平鸽并不意味着他们真的被艺术家对美好社会的向往打动,而现实世界中的共同体也不能靠《无题(自由)》中的一顿咖喱饭建立起来。艺术作品呈现的并不是现实关联,也不是可直接拿来解决现实社会矛盾的现成手段。但是,这种非现实性和非功利性的信息恰恰是艺术要传递的信息,它要揭示社会现实那潜在的、难言的巨大复杂性,进而让我

---

① BISHOP C. Artificial hells:participatory art and the politics of spectatorship[M]. London:Verso,2012:26.

们产生“矛盾不可能已被完全解决”的不确定感,对任何宣称可以解决现实问题的路径产生怀疑。

第四,参与性。尽管所有媒介艺术都可被用于政治传播,但是把人际互动当作媒介的参与式艺术亦有其特殊优势。我们可以把艾利卡·费舍尔-李希特(Erika Fischer-Lichte)对表演行为艺术的总结延用至各类参与式艺术中:作品把参与者置于某种临界状态,这种状态“把转换者置于所有可能的区域的‘之间’状态中,这一状态使他们完全有可能获得新的、部分是茫然的经验(经历)”①。这种状态的实现通常是通过抹除艺术家身份与观者身份、艺术与现实、艺术表演与非艺术表演等对立面之间的界限来实现的。② 这种临界状态的作用可被总结如下。

首先,如上所述,政治参与式艺术需引发观者的不确定感。与绘画、雕塑等媒介不同,参与式艺术是不定型的,在每次实际展演中都有所不同,而且参与者的言行是艺术家难以完全控制的因素,因而在展演的过程中时刻都可能发生偶然事件。这种不定型性和偶然性满足了引发不确定感的要求。

其次,从OOO的角度讲,临界状态唤起的超现实感会促使参与者打破对物与物(行动者与行动者、个体与共同体)之间既有关联的认知。例如,苏联成立初期的前卫艺术实践试图打造一种将单个人的创意融入集体创意的状态,以唤起人们对崭新政治环境的向往;相反,20世纪70年代的集体行动小组(Collective Actions Group)则尝试借助精神性的“个人体验空间”③逃避苏联的政治现实;名为赤脚艺术家(Barefoot Artists)的机构组织的“卢旺达治愈计划”(The Rwanda Healing Project)则意在利用共同创伤(参与者多为大屠杀幸存者)维系共同身份,并通过艺术技能培训推动社会变革。

(四)案例分析

图4是弗朗西斯·埃利亚斯的《当信仰移山时》(*When Faith Moves Mountains*)。艺术家在秘鲁要求500名志愿者用铁铲将一个巨大的沙丘向旁边移动10厘米。这个作品显然不太适合以大众为目标的政治传播,因为其政治含义较为隐晦,然而它仍是一个值得分析的有趣案例。首先,这个作品允许我们从多个层面进行解读:可以从日

---

① 费舍尔-李希特.行为表演美学——关于演出的理论[M].余匡复,译.上海:华东师范大学出版社,2012:251.

② 费舍尔-李希特.行为表演美学——关于演出的理论[M].余匡复,译.上海:华东师范大学出版社,2012:252,285,286.

③ BISHOP C. Artificial hells:participatory art and the politics of spectatorship[M]. London:Verso,2012:154,160.

常生活层面解读为让参与者或观者体验到付出很多努力却徒劳无果的心情,也可以从略带政治性的角度解读为意在给人们带来一种通过合作完成巨大工程的体验,更重要的是,还可以从更深刻的政治层面解读为对拉美地区缓慢低效的现代化进程的讽刺。作品并不缺乏审美因素:一是身着统一衣服的数百人排成长长的一队在燥热的沙丘上劳作的情景颇为壮观;二是劳作成果不成比例地小于为其付出的努力这一荒唐结果让人感到震惊——这其实是埃利亚斯作品的一贯主题。此外,从表面上看,作品包含了社会参与艺术追求的协调合作因素,但徒劳无果的事实恰恰反映了对协调合作的失望和嘲讽。

图 4　埃利亚斯:《当信仰移山时》

图 5 是塔尼亚·布鲁格拉的《塔特林的私语#5》(*Tatlin's Whisper* #5)。[①] 在这件作品中,两名身着制服的真正骑警在艺术家的要求下骑着马进入艺术馆,利用口头指令和马匹的移动强迫参观者分组或停留在艺术馆的特定位置。现场场景与新闻报道中常出现的警察在街头管控人群的情形颇为相似。这个作品是参与式的,但只包含观者与表演者的互动,并不包含观者之间的合作元素,因为被控制的参观者并没有采取什么集体行动。不过作品却包含了一种让人震惊的审美体验。这是因为,在作品中发生的既是一次表演,又是一次真实的人群管控——参观者不得不服从骑警的命令;而震惊就发生在他们事后才意识到这其实只不过是一个艺术作品并且他们在不知不觉中就成了作品参与者之时。作品的巧妙之处就在于两种疏忽的统一:第一种疏忽是指参观者在现场未意识到自己已进入艺术作品,第二种疏忽是指人们在日常生活中可能不会注意到各种隐蔽的权力关系,而布鲁格拉要做的,就是通

图 5　布鲁格拉:《塔特林的私语#5》

---

① ROSERO A. Arte de conducta:on Tania Bruguera's *Tatlin's Whisper* series[M]//BONHAM-CARTER C,MANN N. Rhetoric,social value and the arts. Gewerbestrasse:Palgrave,2017:85-106.

过警察闯入艺术馆的突然性、毫无理由的命令、马匹的强壮身体等元素揭示这些权力关系。

三、面对问题:政治传播的伦理转向

近年来,随着社交、新闻和短视频类APP的发展,中国的政治传播生态不断发展,这体现在传播主体数量不断增加、议题范围不断扩大、叙述或评论方式及其风格日趋多元化等方面。这一发展过程有两个值得注意的特征:回应性和终局性。所谓回应性是指,政治传播的受众主体已不满足于单向的发布过程,而是渴望看到互动:要么持续关注当事者之间的互动,期待一方在另一方发声后给出诸如澄清、道歉、承诺之类的回应——而这种回应的姿态似乎比其内容更重要,要么通过媒介给予的发言渠道直接跟当事者或其他受众互动。所谓终局性是指,受众主体总是希望看到一个最终的、无法改变的、不再有探讨余地的最终结果:要么是事件的原委,要么是对事情的最终裁决或处理结果。这一点集中体现在诸如"真相来了""实锤了""凉凉""定了"这样的网络用语上。

的确,这种传播生态有其积极的一面,我们可以从中看到主体对政治议题的兴趣、对真相的渴求以及传播策略的进步(例如,以通俗易懂的方式把复杂事件说成是与每个人的生活息息相关的东西)。然而,这种状况亦有与黑格尔①所描述的斯多葛主义及之后的精神迷失颇为相似的消极一面:第一种消极的可能性是虚无主义和怀疑主义。在面对充满不确定性、难以解读却又(看上去)与自己相关的复杂事件时,主体渴望从政治传播内容中寻找确定性,然而这些信息充满了混乱的和极端的价值观,言之凿凿的声音没有带来确定感,反而使人无所适从和胆怯,使人难以对追求或行动进行判断——我们暂且称之为一种虚无主义。怀疑主义是虚无主义的一种后果,它不是拒绝下判断,而是从根本上否定一切追求或行动的合理性和有效性。第二种消极的可能性是一种绝对的崇敬:主体在追求终局性的过程中就把最终之物及其反映出来的标准奉为了至高无上的东西——这个位置是如此之高,以至于主体感到与它失去了联系,感到不需要也没有能力用自己的行动去实现它,因此只要崇敬它、把它挂在嘴边、用它

① 黑格尔.精神现象学(上)[M].贺麟,王玖兴,译.北京:商务印书馆,1979:133,136,145.

去评判他人就足够了。这种情况发展到极致便成了道德绑架。

那么如何改变这种状况呢？笔者认为，一种合适的途径正是参与式艺术。参与式艺术能够起到这种作用，并不是因为它提供的参与性和共同体感能够直接代替众人追逐回应性和最终裁决的狂欢，而是因为它可以促成一种政治传播的伦理转向。这一转向包含两个主要方面：建立关联的主动性和对抗媒介强迫性。

第一，建立关联的主动性。康德伦理的重要原则之一是对超感世界及其非功利性的承认。[①] 这一原则换作我们在上文中提出的政治本体论的话语就是：我们总是出于对无限关联的恐惧而迫切渴求近距离关联，因而生活在信息带来的确定性与不确定性中；但是，在我们已经认识到并在不同程度上相信的关联之外，其他有着不同的远近距离的关联也是存在的。参与式艺术作品尽管不直接提供任何现成可用的关联或承诺某些神奇的近距离关联的存在，但其邀请我们抽离于那些既有关联并把目光投向未知关联。这种抽离带来的不确定性无疑比关于关联远近的普通信息或信息的缺失带来的确定性或不确定性更为根本。然而，首先，它并不是虚无主义和怀疑主义，不是无条件的膜拜，因为它并不是要否定一切关联，只是暗示我们应本着对未知关联的敬畏而为人为事留有改变、完善、重演的余地，不要再忙于追求终局性；其次，它亦不是对行动力的遏制，恰恰相反，它暗示了在物之间搭建关联的无限可能并增强了行动者亲自去实现关联的主动性。

第二，对抗媒介强迫性。从耗时但允许互动的书信，到快速但只允许单向传达的广播和电视，再到允许即时互动的网络媒介，每一种媒介都为行动者的互动关联开启或关闭了一些可能性。对回应性和终局性的追求原本是依托特定类型的网络媒介而存在的现象，但是其话语模式却逐渐占据了其他媒介，以至于所有媒介都在给行动者施加"要回应，要给出一个结果"的命令。不过，正如伯瑞奥德所言："艺术实践的本质坐落在主体间关系的发明上。"[②]参与式艺术有望借助这样的关系发明来启发人们在政治传播领域尝试新的互动方式。

需要说明的是，这种启示性正是使凯斯特与毕晓普发生分歧的关键问题。凯斯特反对毕晓普将不安、矛盾和撕裂感看成审美价值，这不单单是因为不安、矛盾和撕裂感

---

① 康德. 实践理性批判[M]. 邓晓芒，译. 北京：人民出版社，2003：44-45，76-77.

② 伯瑞奥德. 关系美学[M]. 黄建宏，译. 北京：金城出版社，2013：17.

已不再能代表前卫艺术,[①]也是因为那些强调合作的作品更多地“依赖于合作者对当下的矛盾、可能性和阻力点进行回应……这些元素都会被触及并改变”[②]。因此,从表面上看,像那弗约特·阿尔塔夫(Navjot Altaf)等人的《那尔帕》(*Nalpar*)这种被凯斯特推崇的鼓励参与者合作的作品更强调情境的具体性、现实介入的影响力以及各方力量之间的密切互动;创作者相信价值观只能在实践中被传递和改变,而不是在某种审美体验中被改变,因而似乎更符合 OOO 对耐心地建立关联而不是寻找最短关联的强调。但问题在于,一方面,这些作品发挥的所谓现实影响仍是诗意的且相当微小,远不如政府部门或 NGO 这样的行动者;另一方面,正如上文所说,如果评价标准不是审美价值而是现实影响的话,那么这些艺术作品也不足以与其他传播手段区分开。就政治传播功能而言,我们更看好强调不安、矛盾等审美元素的作品,这是因为艺术所发挥的启示功能的重要性远大于它所提供的具体介入手段或使用价值。

参与性作品很多是以行为艺术或项目的形式出现的。这些作品要发挥政治传播作用就必须面对传播广泛性的问题。这种艺术形式常被人诟病的一点是,既然其效果主要集中在参与行为本身上,那么通过参与来体验的人的数量就会非常有限,观看者的体验远不如参与者的体验。而且,大多数人甚至无法在现场观看,只能通过新闻、评论和学术著作等媒介化手段了解这些作品。照片、视频等记录手段目前已经普及,不少表演性作品在展演之前就已做好了利用视频尽可能还原现场氛围的准备,表演与记录因而得以相互配合,这就为更广范围的观者提供了观看机会。但问题在于,无论是纸质媒介还是网络媒介,无论是传统的文章、视频还是手机 APP、VR 技术,都要面对如何传递此类作品的艺术效果的问题。换句话说,用各种手段对作品进行媒介化,都无法体现其一过性(Flüchtigkeit)和物质性(Materialität)。[③] 但是情况也许不至于如此悲观。第一,提供有限的到场参与机会为作品添加了“光晕”,这恰恰是一部分艺术家或策展人追求的状态。对此类作品的媒介化就算难以传递作品的现场性,至少也能促使观者以后抓住机会参与此类活动。第二,有些作品试图以一些即使是认真的参与者也难以理解的微妙方式传达内涵,在这种情况下,在作品展演之后进行的回放、反思与

---

① KESTER G. The one and the many: contemporary collaborative art in a global context[M]. North Cardina: Duke University Press, 2011: 177, 192.

② KESTER G. The one and the many: contemporary collaborative art in a global context[M]. North Cardina: Duke University Press, 2011: 225.

③ 费舍尔-李希特. 行为表演美学——关于演出的理论[M]. 余匡复,译. 上海:华东师范大学出版社,2012: 99, 108-109.

评论就更具优势了,它比现场参与更有助于人们理解作品内涵。第三,虽然不少参与式艺术都是具有场地特定性的行为艺术,但是尚有不少其他易于广泛传播的艺术媒介和实施形式可以利用。

四、结语

本文开头提到了基于传送观与仪式观的政治传播能够以某种形式实现统一的问题。在引入了一种基于 OOO 的政治本体论,并对近距离偏好、艺术自律性等议题进行探讨后,笔者提到了政治传播的伦理转向,并且指出这种转向能够通过参与式艺术来完成。笔者认为,参与式艺术正是一种让传送观与仪式观得以统一的形式。笔者将要点总结如下。

第一,只有在以特定的方式对信息进行定义后,我们才能说参与式艺术既是传送观的,又是仪式观的。我们把信息定义为能够改变对物之间关联远近的认知的东西。参与式艺术尽管也是对关联的揭示,但这些关联完全是非现实、非功利的,以至于其带来的不是确定性,而是一种深不可测、令人着迷的不确定性。我们在此同意用朗西埃描述批判艺术的话来进行概括:"政治的艺术或批判艺术的主要程序就存在于异质性元素的相遇,以及可能的冲突之展示中。这些异质性元素的冲突势必会在我们的知觉中引起一种断裂,以揭示隐藏在日常现实背后的事物的某种秘密关联。"①

第二,得出参与式艺术兼具传送观与仪式观的内容的另一个前提是合理看待作品作用于仪式观所要求的共同体性的方式。如果说此类作品中的共同体性是指通过人群聚集或共同完成社会生产来产生包容、友爱、平等、亲密、协作之类的集体认知或情感的话,那么这种共同体性也许并不值得追求。这一方面是因为,如毕晓普所言,以此为目标的作品过于强调自我管理,因而是在侵蚀而不是在构建社会关系,②另一方面也是因为作品的艺术品质不应以任何理由被忽视。③ 实际上,作品构建起来的诗化的人际关联必须起到两方面作用:首先,这种人际关联正是使作品获得艺术品资格的形

---

① 朗西埃. 当代艺术与美学的政治[J]. 马克思主义美学研究,2015(2):19-40.

② BISHOP C. Artificial hells:participatory art and the politics of spectatorship[M]. London:Verso,2012:14.

③ BISHOP C. Artificial hells:participatory art and the politics of spectatorship[M]. London:Verso,2012:8.

式元素,借助这种资格,艺术作品得以将自己与其他传播媒介区分开来;其次,这种关联尽管不提供直接可用的互动模式,但却能够启发人们感受行动者之间可能存在的丰富的关联。

第三,艺术作品可能包含也可能不包含政治内容或议题,这与其艺术性无关。但出于在较广范围内发挥政治传播作用的考虑,作品应包含易于大众识别的政治元素。

第四,艺术自律性要求参与式作品呈现与政治意涵和政治效果毫不相关的状态,但毫不相关并不等于明确排斥。换句话说,使作品带有政治性并不必然会对艺术自律性造成损害。

必须承认的是,政治参与式艺术在当下中国的影响力相当有限,只能充当常规政治传播形式的有益补充。但鉴于它在政治传播的伦理转向方面的作用,思考如何使其更好地发挥作用仍是有现实意义的。笔者在此提出几点建议:其一,在传播力度方面,积极利用各类新媒体发布与参与式艺术相关的动态和评论,提升人们对此类作品的兴趣、认同度和理解力。其二,考虑到中国与外国在政治社会环境上的差异,艺术家应在选择作品的政治内容和主题方面下功夫,涉及公共政策、社会治理的议程设置和价值取向,以及福柯表达的微观权力等也许是不错的选择。就此而言,政治学、社会学等方面的学术著作也许会成为艺术家灵感的来源。其三,鉴于表演性质的作品会受到场地等现实因素的限制,艺术家可更多地考虑像《你的视野》那样的非表演性质的参与式作品。

(作者吴江系首都师范大学政法学院讲师)

历史向度的政治传播

逆向舆论与左宗棠收复新疆

◇ 白文刚

摘要:左宗棠收复新疆的计划遭到了来自官僚体系和以《申报》为代表的社会舆论的双重反对。面对双重逆向舆论,左宗棠一方面向朝廷深入阐述自己的理由,获得了朝廷的支持;另一方面积极全面备战,最终取得了收复新疆的伟大胜利,成功扭转了逆向舆论。左宗棠的成功,一是由于其具有高度自信和刚直性格,二是由于其非同一般的爱国情怀和担当精神,三是由于其非比寻常的远见卓识和经世能力。左宗棠的案例能给政治家应对逆向舆论带来三点重要启示:一是要准确把握舆论的特点,避免陷入"左宗棠悖论";二是要深刻认识到战胜逆向舆论的根本在于做得成功而非说得精彩;三是必须具备优秀的政治品格和卓越的政治能力。

关键词:左宗棠,逆向舆论,收复新疆,政治传播

舆论是政治的伴生物。从人类文明史来看,可以说有政治就有舆论。特别是随着现代信息技术和民主政治的发展,舆论的力量越来越大,从某种程度上甚至可以说政治就存活在舆论之中。政治家作为政治活动的主体,要不断面临各种舆论,这些舆论有正向的也有逆向的。正向的舆论自然有利于政治家开展政治活动,而逆向舆论,即对政治家本人或相关政治活动持否定、批评态度的舆论,则会给政治家开展政治活动带来巨大压力和阻力。面对逆向舆论如何作为?这是政治家面临的一个艰巨挑战。从历史来看,有成功的案例,也有失败的教训。其中的原因何在?是否有规律可循?这无疑是政治传播研究值得关注的学术和现实问题。

我国近代著名的政治家、军事家,晚清名臣左宗棠顶着巨大舆论压力收复新疆,这给我们考察如何正确对待逆向舆论提供了一个正面的理想案例。本文希望通过剖析这一案例,就相关问题做一点探讨。具体来说,本文希望了解:逆向舆论给左宗棠收复新疆带来了什么困难,而他又是如何应对的?其能够不为舆论所动的原因何在?这些对今天的政治家和管理者有什么启示?

一、事件:左宗棠收复新疆面临的逆向舆论及其应对

站在今天回溯历史,今人一致对左宗棠收复新疆的壮举予以高度评价,誉其为"我国近代史上一位杰出的爱国主义者"①。这是因为我们从历史的视野看到了左宗棠收复新疆对于中华民族的伟大意义。但是在当时的历史环境下,积贫积弱的晚清面临各种各样严重的内忧外患,人们普遍不理解左宗棠坚持出兵收复新疆的意义,当时他面临着严重的逆向舆论。

其一是来自官僚系统的逆向舆论。左宗棠提出收复新疆之时,恰逢日本侵台之后,海防成为众多朝廷大臣关注的重点,由此朝廷重臣之间爆发了"海防"和"塞防"之争。值得注意的是,自从新疆沦陷后,在晚清最有影响力的大臣曾国藩就主张"暂弃关外,专清关内"。② "海防议"起,当时位高权重、红极一时的文华殿大学士、直隶总督李鸿章明确反对出兵新疆,认为新疆北邻俄国,南近英属印度,"即勉图恢复,将来断不能守",声称"新疆不复,于肢体之元气无伤,海疆不防,则腹心之大患愈棘"③。李鸿章不仅自己反对,还利用个人的影响力,动员重要官员反对收复新疆。在李鸿章的鼓动下,一时间"边疆无用论""得不偿失论""出兵必败论"等论调甚嚣尘上,光绪帝生父醇亲王奕譞、刑部尚书崇实和众多督抚纷纷反对收复新疆。这些人都是掌握朝廷内外实权的重臣,其在官僚系统内制造的反对收复新疆的舆论,自然会给左宗棠带来巨大压力。

其二是来自《申报》的逆向舆论。《申报》1872年创办于上海,到左宗棠收复新疆

---

① 杨东梁.左宗棠办洋务的出发点是"富国强民"[J].湖南师院学报(哲学社会科学版),1984(1):46-48.

② 杨东梁.试论左宗棠收复新疆[M]//中国人民大学清史研究所.清史研究集(第2辑).北京:中国人民大学出版社,1982:213-237.

③ 李文忠公全集:奏稿[M].台北:文海出版社有限公司,1980.

前夕,已经发展为一份在当时颇具影响力的报纸。除了报道各种时事新闻,《申报》也经常发表政治评论,受到当时官方和社会精英人士的重视,在社会上层具有比较重要的舆论影响力。《申报》对左宗棠收复新疆相关事宜也非常重视,据统计从 1875 年 3 月到 1881 年 2 月,相关报道多达 396 篇,其中包括消息 220 篇、评论 196 篇。[①] 值得注意的是,该报在海防与塞防之争中,支持海防,反对塞防,特别是对左宗棠以高利息借洋款收复新疆持激烈批判态度,仅在 1876 年 3 月一个月内就在头版刊发了《论借款征回事》《再论借贷征回事》等 5 篇批评左宗棠的评论。评论一方面认为新疆自纳入清朝版图后“屡次复叛,劳师縻饷不胜计数……实无毫末有益于中国之处,徒足为中国之累”[②],另一方面又怀疑左宗棠收复新疆的能力,认为“若借贷巨项,以博孤注,事难逆料。倘千万之债尚不能得手,将从此而至欤抑再借以图欤?”,提出让新疆成为中欧之间的中立“枢纽之国”。[③] 可以说从 1875 年到 1878 年,左宗棠四次借款,每次都会遭到《申报》的猛烈攻击。其承受的舆论压力可想而知。

面对逆向舆论带来的巨大压力,左宗棠收复新疆的决心丝毫没有动摇。他一方面给朝廷上书,针对反对意见据理力争,并最终赢得了朝廷的支持,得以借款出兵。另一方面,他以统筹全局的惊人能力,成功完成了出兵新疆的艰巨的前期准备工作,并持续不断地在西征战场上赢得胜利,在收复新疆的同时,成功扭转了逆向舆论,并使自己成为名扬千古的民族英雄。那么左宗棠是如何做到这一点的呢?

第一,左宗棠利用朝廷要求其就相关事宜“妥筹密奏”的机会,全面系统地反击了官僚系统的反对抹黑。在所上的奏折中,左宗棠依据充足的论据、通过缜密的分析,批评了只重海防或者单重塞防的看法,提出了海防和塞防并重的观点,特别是对停撤塞防之饷以加强海防的观点进行了有力驳斥,并对如何收复新疆提出了完整的计划,展现了必胜的信心。左宗棠由于奏折内容系统全面、分析到位,得到了时任武英殿大学士、军机大臣文祥的支持,他称赞左宗棠“以乌桓为重镇,南钤回部,北抚蒙古,以备御英、俄,实边疆久远之计”,认为左宗棠“率陕甘百战之师,简锐出关,破未经大敌之寇”[④],不难迅速取得胜利,因此在朝会时力排众议,全力支持左宗棠的西征计划。文

---

① 丁伟.《申报》左宗棠收复新疆的报道分析[J].塔里木大学学报,2015,27(2):51-56.

② 论借款征回事[N].申报,1876-03-03(1).

③ 再论借贷征回事[N].申报,1876-03-27(1).

④ 李云麟.西陲述略[M]//张浩,张忠修.中国近代开发西北文论选(上册).兰州:兰州大学出版社,1987:238-239.

祥是当时"太后临朝,亲王辅政"的后王政治格局中的核心大臣,自强运动的中枢领袖。他对左宗棠的全力支持,推动清廷最终下了委派左宗棠西征收复新疆的决心。

第二,左宗棠顶着《申报》造成的社会批评,完成了西征的筹款、进兵等各项工作,成功收复了新疆,也逐渐扭转了逆向的舆论。《申报》的批评,确实给左宗棠带来了巨大的舆论压力,甚至导致左宗棠不得不减少借款的金额。左宗棠曾因此迁怒于《申报》,多次在与朋友的书信中谈及相关事情,批评《申报》的主持者是"江浙无赖士人",甚至批评《申报》是"汉奸"报纸。① 可见《申报》给左宗棠带来的压力之大。但是,左宗棠并没有因《申报》造成的社会舆论压力退缩不前。顶着巨大的压力,他继续借款筹粮、进兵。伴随着《申报》的批评,左宗棠通过先后四次向洋商借款,解决了军饷问题,指挥军队克服重重困难,成功击败了阿古柏的入侵政权,收复了除伊犁地区以外的整个新疆故土,并为曾纪泽通过谈判最终收回伊犁地区提供了重要的军事支持。面对收复新疆的巨大功勋,《申报》的立场也悄悄转向,不论是把崇厚签署卖国条约的原因之一归结为清政府未派崇厚先经过新疆向左宗棠事先了解新疆相关情况,还是赞扬左宗棠之名"震于中外,虽欧洲各国亦闻之而倾心,咸以新疆之师为现在四洲最著之劲旅"②,其实都是对左宗棠业绩的肯定。

二、原因:左宗棠何以迎"逆"而进

面临巨大的困难,年近七旬的左宗棠为何能够不为所动,迎着逆向舆论而上,并最终取得收复新疆的伟大胜利?这是我们在感叹其成功的同时,自然会思考的问题,也是本文关心的重点。在笔者看来,左宗棠之所以能为人所不能为、建人所不能建的盖世功勋,至少有以下三点原因值得特别关注。

首先是他高度自信和刚直不屈的鲜明个性。左宗棠的自信和刚直在当时就是极其有名的,即使在晚清一大批个性十足的中兴名臣中,他的特立独行也颇有鹤立鸡群的意味。他虽从小家境贫寒,科举不顺,秀才、举人考试都颇费周章,会试更是三考不中,甚至不得不入赘以成婚姻,年近五十才有机会真正出山,但这一切都没有影响他的

---

① 涂鸣华. 重新认识早期新闻人的地位:姚公鹤的"江浙无赖文人"说辨析[J]. 新闻春秋,2013(3):14-18.

② 利战说[N]. 申报,1880-08-16(1).

高度自信乃至狂傲。湘籍名士郭嵩焘曾在日记中评价左宗棠是“狂者类也”①。左宗棠自己也常以诸葛亮自居,甚至连曾国藩、李鸿章这样的中兴名臣也不放在眼里。当然,左宗棠所谓的自信或者狂傲,并不是一种简单的虚骄和自我吹嘘,而是一种刚直坚韧的品质。他在一封给侄子的信中对刚直的重要性作了深刻的阐释,指出:“丈夫事业非刚莫济。所谓刚者,非气矜之谓,色厉之谓,任人所不能任,为人所不能为,忍人所不能忍。志向一定,并力赴之,无少夹杂,无稍犹疑,必有所就。”②这也可以被看作左宗棠关于自己个性的夫子自道。应该说,这种高度自信和刚直的性格,是他能够抵御逆向舆论、顶着巨大压力迎逆而进的重要原因之一。

其次是他非同一般的爱国情怀和担当精神。从后人研究来看,学者们都将左宗棠收复新疆视为其爱国情怀和担当精神的突出表现。这当然是对的。但从历史来看,左宗棠能够有如此壮举,主要是他从青少年时代开始就具有强烈的爱国情怀和担当意识。早在尚未出仕的青少年时代,左宗棠就具有“身无半亩、心忧天下”这样强烈的爱国情怀和担当意识。比如1833年,年仅21岁的左宗棠首次赴北京参加会试就写下了《癸巳燕台杂感》八首,体现了强烈的爱国情怀和忧患意识。③ 落榜返回途中,他给乡试主考官写信,认为时务之艰,莫如荒政及盐、河、漕诸务,表明自己“将求其书与其掌故,讲明而切究之,求副国家养士之意”。后来,他又高度关注鸦片战争,对中国在鸦片战争中的失败感到极其痛苦。在青年时期,他还广泛结交了贺昌龄、陶澍、林则徐、胡林翼等名臣,这些交往增强了他的爱国情怀和担当精神。太平天国起义爆发后,左宗棠受聘于巡抚张亮基,正式走上了为清廷效力的道路,先后在镇压太平天国起义、创办马尾船政、平定陕甘等大事中展现了自己的忠诚和担当。在逆向舆论下克服重重困难,坚决出兵新疆,消灭阿古柏伪政权,并且“舁榇出关”以武力协助曾纪泽谈判收回伊犁,既是这种精神的集中体现,也是这种精神指引下的必然选择。他的后半生可谓是为了清王朝和国家利益鞠躬尽瘁、死而后已,展现出超乎寻常的爱国情怀和担当精神。

最后是他非比寻常的远见卓识和经世能力。性格和精神,对左宗棠战胜逆向舆论带来的压力及坚决出兵新疆自然有重要的影响,但单凭性格与精神,并不能扭转舆论

---

① 郭嵩焘.郭嵩焘日记[M].长沙:湖南人民出版社,1983:671.

② 杨东梁.中国近代思想家文库· 左宗棠卷[M].北京:中国人民大学出版社,2012:422.

③ 杨东梁.左宗棠[M].北京:人民文学出版社,2015:8.

的方向。左宗棠的成功,还在于他在新疆问题上的卓越见解以及超强的军事组织与指挥能力。也就是说,最终扭转舆论方向的,是左宗棠出兵新疆所取得的巨大成功,而不是他的性格、精神和言辞。

就见解而言,围绕当时"海防""塞防"争论的四个焦点问题——"海防"与"塞防"能否兼顾?侧重点应该放在何处?收复新疆是否得不偿失?收复新疆有没有可能?——左宗棠在奉命上奏时都做了有理有据、深入具体的有力反驳。① 左宗棠之所以有如此远见卓识,一是因为他自青年时代即关注经世致用之学,广泛研读了《西域图志》等史地著作,特别是与曾经流放伊犁的林则徐的深入交谈使其对新疆的重要性和俄国的威胁性有极为深刻的认识。"海防""塞防"之议兴起的时候,他又恰恰经营紧邻新疆的陕甘,掌握的情报更准确,其认识、判断自然非远在内地的官僚和报人可比。纵览反对左宗棠的舆论,不论是官僚集团还是《申报》,喋喋不休的核心就是借洋债的问题,其视野和水平高下,一瞥便知。

就行动而言,顶着巨大的舆论压力,左宗棠成功完成了筹粮、筹饷、转运等物质准备工作,军队整训、集训和武器改善工作,军事情报的搜集与分析工作。在此基础上,左宗棠制定了"先北后南""缓进速战"的作战方针,稳扎稳打,步步为营,又出其不意、攻其不备,历时一年半取得了收复除伊犁地区以外整个新疆的光辉战绩。② 之后,他又成功震慑了俄国,助力曾纪泽谈判收回伊犁,从而使整个新疆重新回到祖国怀抱,建立了盖世功勋。左宗棠之所以能取得这一系列成就,显然与其超强的组织能力、军事能力有密不可分的关系,而这也正是左宗棠所信奉的儒家经世致用的理念所期待的结果。

由上可知,左宗棠之所以能够不畏舆论压力,迎"逆"而进,成功收复新疆,并以成功实践扭转不利舆论,主要是因为其个性、精神和能力这三个方面。没有自信刚直的个性,可能承受不了巨大的压力;没有强烈的爱国和担当精神,可能不愿意在将老之年主动承担如此重任;若缺乏非同寻常的能力,也只是空有一腔热血却无力挑起这副重担。左宗棠的成功,是个性、精神和能力三者皆备、互相促进的结果。

---

① 杨东梁.海防与塞防之争浅析[N].光明日报,1981-02-10(1).

② 杨东梁.试论左宗棠收复新疆[M]//中国人民大学清史研究所.清史研究集(第2辑).北京:中国人民大学出版社,1982:213-237.

三、启示：政治家应对逆向舆论的正确方法

站在后人的立场来看，当年轰轰烈烈的事件已经成为一个历史案例。从政治传播史的研究角度来看，除进一步了解历史真相并从左宗棠身上学习强烈的爱国主义精神外，我们还需从这个案例中挖掘出对今天的现实有价值的经验启示。所以在本文的最后一部分，我们回到最初的问题，讨论政治家应该如何应对逆向舆论。因为这是政治家在政治实践中常见的问题，也是政治传播应该深入研究的问题。

虽然舆论研究的成果在政治传播领域已经非常丰富，舆情应对甚至已经成为各级政府工作人员的媒介素养必修课，但其主要的思路还是在重视、尊重和引导方面下功夫。这可能是由现代民主政治与舆论关系更加密切这一特点决定的，但政治不是展现民主就万事大吉了。一个合格的政治家，需要深刻认识舆论的本质和特点，懂得如何应对舆论，特别是逆向舆论，能够在舆论迷惑或者重压下作出准确的判断和得当的应对，最终使自己的行为符合国家和人民的真正利益。左宗棠在逆向舆论压力下收复新疆的案例，能给我们提供诸多启示。

第一，要准确认识舆论的特点。舆论是民意的表达。早在西周，统治者就有“天听自我民听，天视自我民视”的自觉认识。在现代社会，舆论更是民主政治须臾不可离开的环境。但是，舆论说到底是一种意见，作为社会心理的反应，往往不可避免地带有片面性和情绪性，未必能真正代表人民或者国家的利益，而且容易随着时间和事件的发展而发生变化。正如政治学家李普曼所指出的那样：“任何时候我们都无法想象会有这样的前景：所有人都能清清楚楚地看明白整个无形的环境，从而在全部政府事务上自发形成明确的公众舆论。”①很显然，这里所谓的“明确的公众舆论”应该是正确的，真正反映国家和民众根本利益的。以左宗棠收复新疆一役为例，当时不论是官方的主流舆论，还是以《申报》为代表的社会舆论，其评论和主张都是具有一定的合理性的。但是，就对问题的认识而言，左宗棠的认识更加全面、深刻，更符合国家和民族的长远根本利益。如果左宗棠屈服于舆论压力，按照当时的主流舆论行事，放弃收复新疆的主张，那必然会给中华民族带来不可弥补的重大损失；但若固执己见，坚持出兵收

---

① 李普曼．公众舆论［M］．上海：上海世纪出版集团，2000：225．

复新疆,那就必然要承受逆向舆论带给他的压力。我们或许可以将这种现象称为“左宗棠悖论”。这个“悖论”现象提醒我们,舆论固然是重要的,但舆论并非天然地代表正当性和正确性。这是每一个政治家都应有的明确认识。

第二,成功应对逆向舆论的关键在做得成功,不在说得好听。现代传播研究特别强调如何说才能取得良好的效果,强调对舆论的语言回应。对日常事件而言,这样的取向通常是没什么问题的。但是,面临一些争议极大、困难重重,必须在短期内作出决断而常人又难以深刻理解的重大事件时,一味追求语言的说服是不现实的。对于芸芸众生而言,事实的说服力远远大于语言的说服力。比如我国的改革开放,在初期也有各种各样的反对声音,但是四十年改革开放所取得的伟大成就使绝大部分人民群众对这一伟大的决策心悦诚服。说回左宗棠,面对《申报》造成的社会批评舆论,他并没有投书《申报》或者其他媒体去辩论,而是在取得清政府的同意之后,就顶着巨大的舆论压力,义无反顾地投入到了收复新疆的战斗中,并最终依靠自己的非凡成就,扭转了舆论的方向,成就了自己的英名。如果他面对逆向舆论时,斤斤计较于一时的得失,畏缩不前,或者致力于以言辞维护虚名,则不仅新疆必然丢失,他自己恐怕也无缘成就光辉的历史业绩。应该说,左宗棠顶着逆向舆论成功收复新疆一事给我们破解舆论的“左宗棠悖论”提供了最有效的方法。

第三,政治家的政治品格和政治能力是应对逆向舆论的根本。政治离不开传播,应对舆论是政治家必备的能力,因此现代政治传播非常重视对政治家和官员媒介素养的培养。值得注意的是,目前的研究和培训更多地关注对舆论的迅速回应,而且这种回应主要体现在如何说得更好上。必须承认说得好听,是政治家应该具备的素养,但用更广阔的眼光来看,说是做,做也是说,而且是更根本、更有效的说。政治家战胜逆向舆论最终依靠的是做的业绩,而不是说的水平。究其原因,舆论具有片面性、情绪性、暂时性等特征,如果政治家一味跟着舆论走,就有可能陷入“左宗棠悖论”的舆论怪圈。要想走出“左宗棠悖论”,政治家就要具备能够承受逆向舆论压力的品格和能力,准确判断人民和国家的利益所在,以自己成功的政治作为和成绩扭转舆论走向、推动社会进步。

从左宗棠的案例来看,启示主要有以下三点。首先,坚毅的品格是基础。所谓逆向舆论,其前提是所做的事情是正确的,只是社会或者民众一时不能理解或者赞同。在这种情况下,政治家能否不惧舆论压力,坚持向着正确的方向前进,就尤为关键了。

很显然，这样的作为离不开坚毅的品格，否则难以承受巨大的压力。其次，爱国和担当精神是关键。只有富有家国情怀和担当精神的政治家，才愿意为了国家和民众的根本利益，顶着压力坚持自己的正确主张。没有对国家的热爱、没有对责任的承担，政治家是不会冒这种“傻气”的。因为这样做不但要承受巨大的舆论压力，而且一旦失败，很可能再无辩解的机会。最后，卓越的能力是保障。前文指出，从根本上说扭转逆向舆论需要用事实来说服民众。而这个事实往往来自最终的成功。如果左宗棠没能成功收复新疆，他的奋斗和心血就很难感动大众、扭转舆论，甚至会被用来证明舆论俗见的正确性。孔子将君子视为从事政治活动的理想人选，强调“君子敏于行而讷于言”，岂无深意？

四、结语

本文最初是想探讨《申报》在左宗棠收复新疆过程中的评说言论。这是非常典型的新闻史的课题，也已经有相关成果出现。但是，在研究的过程中，笔者发现分析左宗棠的应对可能比分析《申报》的评论更有意义。因为左宗棠收复新疆是中国近代史乃至中华民族发展史上的大事件。不过，笔者觉得作为一项研究，不能停留在对《申报》评论与左宗棠应对的梳理上，若是如此，便依然停留在对历史事实的发掘层面。正因如此，本文在梳理事实的基础上，尽量深入地剖析其之所以如此的原因，并将其提升到政治家如何应对逆向舆论这样的高度来探讨其启示。这样的探讨，既是希望进一步发掘左宗棠精神的时代意义，也是希望与常见的有关政治和舆论的观点对话，并且积极尝试根据中国经验提出中国理论的可能性。在笔者看来，左宗棠是合适的研究对象，他在历史上为中华民族作出了巨大的贡献，他的实践也能对我们今天的政治发展和学术研究作出新的贡献，所以本文也尝试提出一些概念和看法。这是左宗棠伟大实践的贡献，也是笔者以学术向他致敬的努力。

（作者白文刚系中国传媒大学政府与公共事务学院教授、中国传媒大学政治传播研究所副所长）

网络政治传播研究

政务短视频使用对基层青年公务员政治效能感的影响

——基于政治认同有调节的中介作用/秦　静　潘欣奕

政务短视频使用对基层青年公务员政治效能感的影响

——基于政治认同有调节的中介作用①

◇ 秦 静 潘欣奕

摘要：提升基层青年公务员的政治效能感，是国家政治文明建设的重要实践课题。本文基于问卷调查和深度访谈法，考察政务短视频使用对基层青年公务员政治效能感的影响，并对政治认同的中介效应和政务短视频可信度的调节效应进行检验。研究发现，当前，基层青年公务员政治效能感较强，但相较于外部政治效能感，内部政治效能感偏弱。政务短视频对基层青年公务员的政治效能感具有积极预测作用，政治认同在其中发挥中介效应。政务短视频可信度不仅调节了政务短视频使用对基层青年公务员政治认同和政治效能感的正向影响，而且会调节政治认同在政务短视频使用与政治效能感之间的中介作用。本文在揭示基层青年公务员政治效能感提升的媒介作用的机理的基础上，对更好发挥政务新媒体的政治传播效果提供了有益启示。

关键词：基层青年公务员，政务短视频，政治效能感，政治认同

一、问题的提出

政治效能感指个体对自己影响政治活动的能力的信念或信心，②是衡量国家政治

---

① 本文系国家社会科学基金项目（20CXW027）、中国博士后科学基金资助项目（2022M722890）、河南省高等学校重点科研项目（21A870002）、河南省高校人文社会科学研究项目（2022-ZZJH-452）的阶段性成果。

② 王敏．政治态度：涵义、成因与研究走向［J］．云南行政学院学报，2001（1）：12．

文明程度和政治民主化进程的重要指标。作为国家履行公共管理职责和社会治理的中坚力量[①],基层青年公务员的政治效能感关系到国家大政方针的落地执行和政府行政效率,关乎人民群众的根本利益。其中,内部政治效能感强的公务员在处理行政事务时会更加自信、高效,外部政治效能感强的公务员对政治制度的认知更明确,能积极推进政府各项工作的落地实施。提升基层青年公务员的政治效能感,对国家治理体系和治理能力建设具有重要的现实意义。

基层青年公务员的政治效能感受到多重因素的影响,除了制度绩效、社会角色和人格心理等因素,媒体使用是影响其政治效能感的重要因素。近年来,随着短视频舆论场的兴起,政务短视频成为政治信息传播、政民互动以及群众意见表达和政治参与的重要渠道。政务短视频因其信息发布的即时性、信息反馈的强互动性、信息表达的丰富性和多模态化等特点,成为智媒时代政务信息发布和政民互动的重要平台,在帮助公众获取时政信息、获得政治知识、形成政治观点以及传递政治价值观等方面起到重要作用,有助于在潜移默化中提升公众的政治效能感。[②] 然而,政务短视频使用是如何影响政治效能感的以及具体的影响机制还有待进一步揭示。已有研究表明,作为重要的政治心理态度,政治认同与政治效能感关系密切,有助于提升个体对自我参政能力和政府决策能力的判断。[③] 媒体使用,尤其是政治性使用,对人们的政治态度与政治倾向有预测作用,[④]同时又受到媒介可信度的调节[⑤]。故而我们有理由相信,政治认同和媒介可信度在政务短视频使用影响政治效能感的过程中发挥了重要作用。

目前,学界关于媒体使用对基层青年公务员政治效能感的影响的探索较少,对于政务短视频的效果测量也还处于初步探索阶段。本研究考察基层青年公务员的政务短视频使用对其政治效能感的影响和塑造,从政治认同和政务短视频可信度两方面揭示其作用机制,从而丰富对媒体使用塑造政治效能感的机制的认识,为发挥政务新媒体在政治信息传播和政治心理层面的积极作用提供实践启示。

---

① 邓磊,杨燕,何鑫兴.沉默的中坚——基层青年公务员的特质审视、现实困境与自我重构[J].中国青年研究,2021(11):24.

② 陈丽君,朱蕾蕊.差序政府信任影响因素及其内涵维度——基于构思导向和扎根理论编码的混合研究[J].公共行政评论,2018,11(5):52-69+187.

③ HASHISH E A A, KAMEL N M F. Identity, political efficacy and expected political participation among nursing students after 25th January revolution[J]. Journal of public administration and policy research,2014,6(4):69-70.

④ 王菁.媒介使用如何影响我国大学生微博政治参与——一个以政治心理为中介变量的实证测度[J].新闻与传播研究,2017(7):50.

⑤ 卢家银,段莉.互联网对中国青年政治态度的影响研究[J].中国青年研究,2015(3):56.

二、文献回顾与研究假设

(一)政务短视频使用与政治效能感

政治效能感(political efficacy)最早由坎贝尔(Campbell)等人于1954年提出,是个体对自己影响政治和社会等方面能力的感知与评价。[①] 强政治效能感的个体往往对国家政治生活表现出积极的参与性、强烈的归属感和认同感。美国政治学者莱恩进一步提出政治效能感的内、外部之分:内部政治效能感是个体的政治信念和对政治参与能力的感知,外部政治效能感是个体对现存政治系统的评价。[②] 对于基层青年公务员而言,内部政治效能感强的人在处理日常工作和复杂人际关系时会更加高效,外部政治效能感强的人对政治系统的理解和认知更明确,会积极支持政府部门工作。

近年来,互联网的社会政治影响日益凸显,成为影响人们政治态度的重要因素。[③] 有研究发现,网络使用影响人们对政治参与能力的感知。[④] 其中,网络新闻使用对人们的政治效能感的提升具有正向的推动作用。[⑤] 王国华等学者指出,微博的政治性使用可以增强大学生对国家和社会的政治感知力,进而提升其政治效能感。[⑥] 学界普遍认为,官方媒体使用能够增强人们的政治效能感。党媒接触有助于提升公众的政治知识储备,从而增强政治效能感。[⑦] 关注时政新闻的频率越高,人们的政治效能感越强。[⑧] 但也有学者提出,互联网虽然提高了公众与政府之间的互动频次,但是并未提

① CAMPBBELL A, GURIN G, MILLER W E. The voter decides[J]. American sociological review, 1954, 19(6): 786.

② LANE M. Political life: why people get involved in politics[J]. Social forces, 1959, 38(1): 270.

③ 张明新,刘伟. 互联网的政治性使用与我国公众的政治信任——一项经验性研究[J]. 公共管理学报, 2014(1): 90.

④ CHAN M, WU X, HAO Y, et. al. Microblogging, online expression, and political efficacy among young Chinese citizens: the moderating role of information and entertainment needs in the use of Weibo[J]. Cyberpsychology, behavior, and social networking, 2012, 15(7): 345.

⑤ 卢家银. 传统媒体与网络媒体:媒介新闻使用对青年政治表达的影响及政治效能的中介作用[J]. 新闻大学, 2017(3): 88.

⑥ 王国华,闵晨,钟声扬,等. 微博的政治性使用对政治态度影响的实证研究——以武汉地区大学生为例[J]. 情报杂志, 2015(8): 104.

⑦ 晏齐宏. 二元性互构:选择性接触影响下的青年网络政治意见表达[J]. 新闻大学, 2020(9): 56.

⑧ 范柏乃,徐巍. 我国公民政治效能感的影响因素研究——基于CGSS2010数据的多元回归分析[J]. 浙江社会科学, 2014(11): 28-30.

升公众对政府公信力的评价[①],政治信息传播对政治效能感的影响可能很微弱[②]。自2016年短视频舆论场兴起以来,各级政府部门纷纷入驻短视频平台,开通短视频官方账号,政务短视频成为网络时代政治信息传播的重要渠道。基层青年公务员作为政务短视频的使用者和发布者,其政治效能感很可能受到政务短视频的影响。基于政务短视频的公共性、宣传性等特征,本研究提出如下假设:

H1:政务短视频使用对基层青年公务员的政治效能感具有正向预测作用。

(二)政治认同的中介作用

政治认同是政治主体在政治生活中对自身政治身份的肯定和对所属政治体系的归属感,以及基于特定的利益和价值需求,积极支持、参与政治事务的实践活动。[③] 从政治心理层面来看,政治认同作为一种政治态度,体现出人们对政治体系的判断和评价,以及对政治制度的归属感和合法性认同。从政治行为层面来看,政治认同是政治实践活动的表现形式,体现了认同主体和客体之间的双向互动。[④] 一般认为,政治认同包含体制认同、政党认同、身份认同、文化认同、政策认同和发展认同等多个维度。

对于政治认同中介作用的考察需要从两个角度切入。首先,政务短视频使用影响政治认同。研究表明,互联网将政治传播从现实空间扩展到虚拟空间,拓展了政治认同的生成空间。[⑤] 人们通过电子政务平台了解政治信息,获得政府回应,有利于增强政治认同。[⑥] 政务短视频作为移动互联网时代重要的电子政务平台,很可能正向作用于政治认同。其次,政治认同正向作用于政治效能感。政治认同作为一种重要的政治态度,能够激发人们的政治效能感。政治认同较强的人更容易相信自身的影响力,因

---

① MCHEAL R, HALE K, DOTTERWEICH L. Citizen-government interaction and the Internet: expectations and accomplishments in contact, quality, and trust[J]. Journal of information technology & politics, 2008, 5(2): 213-215.

② WEST D M. Digital government: technology and public sector performance[M]. Princeton: Princeton University Press, 2005: 145-163.

③ 胡建. 政治认同的理论解读:内涵、结构及功能[J]. 广西社会科学, 2021(12): 108-110.

④ 杨绘荣, 杨蓉. 政治效能感、政治信任与政治认同:概念界定与关系厘清[J]. 比较政治学研究, 2019(2): 132-153+356.

⑤ 马润凡. 互联网时代青年大学生政治认同的变化与引导[J]. 河南教育(高教), 2018(10): 3-5.

⑥ COLLIN P. The Internet, youth participation policies, and the development of young people's political identities in Australia[J]. Journal of youth studies, 2008, 11(5): 527.

而其政治效能感也相对较强。[①] 因此,本研究提出如下假设:

H2:基层青年公务员的政治认同在政务短视频使用对政治效能感的影响中发挥中介作用。

(三)政务短视频可信度的调节作用

媒介可信度是人们对媒介可靠性的主观评价。公众的媒介使用频率积极影响其对媒介可信度的判断,当媒介使用频率增加,对其可信度的评价也会相应提高。[②] 曾润喜等学者研究发现,公众越信任某一媒介,就越容易接受媒介所传递的信息,从而对现存的社会问题形成自身的价值判断。[③] 由此可见,政务短视频可信度有赖于人们的媒介使用行为,同时又可以助推政治传播效果的转化。已有研究发现,媒介可信度与政治心理具有较强的相关性,越信任媒介的人,越倾向于认可当前的政治体制,对国家和政府决策也更有信心。[④] 政务短视频所传递的是具有官方立场的政治信息,政务短视频的可信度越高,公众越倾向于相信官方媒体发布的信息,从而更加认同和支持当前的政治制度和政府决策,反之则可能对官方媒体甚至政府部门提出质疑。基层青年公务员对政务短视频可信度的态度差异可能影响政务短视频的使用效果,由此,本研究提出如下假设:

H3:基层青年公务员对政务短视频的信任度正向调节政务短视频使用对政治认同的影响。

H4:基层青年公务员对政务短视频的信任度正向调节政务短视频使用对政治效能感的影响。

根据上述研究假设,本研究构建了以下研究假设模型(见图1)。

---

① 李艳丽,蓝伟利. 政治效能感影响因素分析——基于湖北省 GD 和 XZ 村的实地调研[J]. 长江论坛,2019(2):52-54.

② JOHNSON T J,KAYE B K. In blog we trust? Deciphering credibility of components of the Internet among politically interested Internet users[J]. Computers in human behavior,2009,25(1):175-182.

③ 曾润喜,斗维红. 媒体信任与人际信任的关系及社会交往的调节作用——基于中国综合社会调查(CGSS2010)数据的实证研究[J]. 新闻与传播评论,2019,72(5):46.

④ 李丹峰. 媒体使用、媒体信任与基层投票行为——以村/居委会换届选举投票为例[J]. 江苏社会科学,2015(1):48-51.

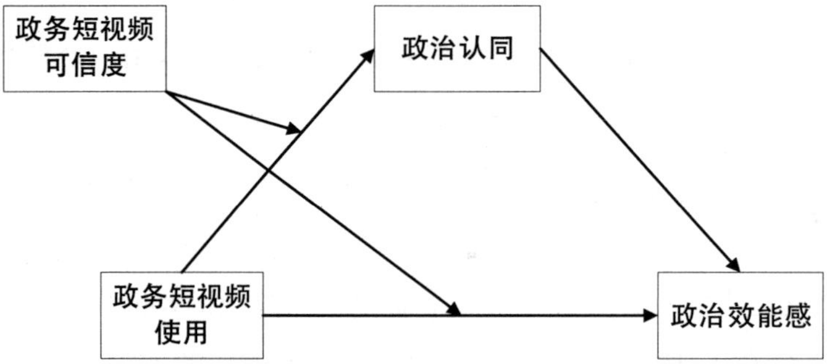

图1　研究假设模型

三、研究设计

(一)数据来源

本研究采用问卷调查法,在2022年3—6月,以河南省18个地市级和县级政府部门39岁及以下①的青年公务员为调查对象,通过线上、线下相结合的方式发放问卷。首先,发放50份预调查问卷进行前测。之后通过滚雪球抽样共发放560份问卷进行正式调查,剔除填答不完整、作答时间过短等无效问卷后,最终共收集有效问卷527份,有效回收率为94.11%。问卷Cronbach's α系数为0.77,有较高信度。

样本分布情况如下:男性占比58.4%,女性占比41.6%;年龄集中在25—39岁之间,其中,25—29岁占比11.4%,30—34岁占比30.5%,35—39岁占比58.1%;政治面貌上,中共党员占比70.8%,非中共党员占比29.2%;受教育程度上,专科及以下学历占比13.1%,本科学历占比79.3%,研究生及以上学历占比7.6%。

在综合考量人口学因素的基础上,研究团队进一步对基层青年公务员进行深度访谈,以深入剖析政务短视频使用对基层青年公务员政治效能感的内在影响机理。在2022年6—7月,研究团队从获得的527份有效调查问卷中通过立意抽样共选取12名基层青年公务员展开半结构式访谈(见表1)。为了避免访谈对象人口统计学特征同质程度过高造成的结果误差,研究团队选取了在性别、年龄、政治面貌、受教育程度等人口学属性上具有差异的公务员个体作为受访者,以获得更全面的数据信息。所有访

① 根据中华全国青年联合会对青年的界定,青年主要指不超过40岁的成年公民。

谈对象的访谈时间均超过 30 分钟，在征得受访者同意后，研究者对访谈进行了全程录音，并人工进行访谈音频的转录工作。

深度访谈内容主要包括四个方面：第一部分关注基层青年公务员政务短视频的使用情况，包括使用行为、使用诉求、使用习惯等方面；第二部分聚焦基层青年公务员对政务短视频可信度的感知及其影响因素；第三部分了解基层青年公务员政治认同感的影响因素；第四部分聚焦基层青年公务员内部政治效能感和外部政治效能感情况及其影响因素。

表 1　受访者基本信息

编号	性别	年龄	政治面貌	受教育程度
1	男	34 岁	中共党员	本科
2	男	39 岁	群众	本科
3	男	33 岁	中共党员	本科
4	男	29 岁	中共党员	研究生
5	男	31 岁	群众	本科
6	男	27 岁	中共党员	本科
7	女	34 岁	中共党员	本科
8	女	30 岁	中共党员	本科
9	女	37 岁	群众	专科
10	女	36 岁	群众	本科
11	女	28 岁	中共党员	研究生
12	女	38 岁	中共党员	本科

（二）变量测量

因变量：政治效能感。政治效能感包括内部政治效能感和外部政治效能感两个方面。参照史为民①和陈升②等学者的研究，通过询问“您是否赞同‘像自己这样的基层青年公务员可以影响到政府决策’”“您是否赞同‘和周围人相比，自己有能力通过网络把信息传播给更多的人’”“您是否赞同‘政府能够及时回应公众的诉求’”“您是否

① 史为民，郭巍青，郑建君，等. 中国公民的政策参与——2011 年北京、广东大学生问卷调查数据报告［M］. 北京：中国社会科学出版社，2012：17.

② 陈升，卢雅灵. 社会资本、政治效能感与公众参与社会矛盾治理意愿——基于结构方程模型的实证研究［J］. 公共管理与政策评论，2021，10（2）：16-30.

赞同‘政府可以公开征求公众的意见’”,采用李克特五级量表进行测量(根据1=非常不赞同、5=非常赞同依次赋值)。内部一致性 Cronbach's α 系数为0.66,信度良好。

自变量:政务短视频使用。主要通过询问受访者“过去一年政务短视频的使用情况”进行测量,采用李克特五级量表(根据1=从不、5=总是依次赋值)测量基层青年公务员政务短视频的使用频率。

中介变量:政治认同。参照房宁等①学者的研究,以受访者对体制认同、政党认同、身份认同、文化认同、政策认同和发展认同的感知程度为重要衡量标准,采用李克特五级量表进行测量(根据1=非常不赞同、5=非常赞同依次赋值)。内部一致性 Cronbach's α 系数为0.89,信度良好。

调节变量:政务短视频可信度。政务短视频可信度以个人利益和社会利益这两个维度为主要测量标准,参照学者 Lee② 的研究,通过询问“您是否赞同‘自己在使用政务短视频时可以获得所需要的信息’”“您是否赞同‘政务短视频可以提供公平、真实、准确、及时的信息’”,采用李克特五级量表进行测量(根据1=非常不赞同、5=非常赞同依次赋值)。内部一致性 Cronbach's α 系数为0.66,信度良好。

控制变量:除了测量政务短视频使用行为、政治认同和政务短视频可信度,还将基层青年公务员的年龄、性别、政治面貌、受教育程度等人口学变量作为控制变量纳入研究模型。其中,年龄和受教育程度为连续变量,性别(男=1,女=0)和政治面貌(中共党员=1,非中共党员=0)为分类变量。

四、研究结果

(一)描述性统计

研究发现,基层青年公务员政务短视频使用频率的平均得分为3.51,标准差为0.81;基层青年公务员政务短视频的日均使用时长为46.71分钟,其中,使用时长小于0.5小时的占比最高,为58.06%;其次为0.5—1小时,占比23.91%;使用时长1—2

---

① 房宁,杨海蛟,史为民,等.政治参与蓝皮书:中国政治参与报告[M].北京:社会科学文献出版社,2013:3-17.

② LEE J,CHOI Y. Informed public against false rumor in the social media era:focusing on social media dependency[J]. Telematics and informatics,2018,35(5):1071-1081.

小时的占比 12.14%，仅有 5.89% 的受访者日均使用政务短视频的时长超过 2 小时。基层青年公务员政治效能感的平均得分为 3.65，标准差为 0.60，其中，内部政治效能感的平均得分为 3.47，外部政治效能感的平均得分为 3.83；政治认同的平均得分为 4.12，标准差为 0.69；政务短视频可信度的平均得分为 3.82，标准差为 0.76。

各变量之间的相关分析显示（见表 2）：基层青年公务员政务短视频使用与政治效能感（$r = 0.453, p < 0.01$）、政治认同（$r = 0.432, p < 0.01$）、政务短视频可信度（$r = 0.239, p < 0.01$）三个变量之间的相关性显著；政治认同与政治效能感（$r = 0.599, p < 0.01$）、政务短视频可信度（$r = 0.161, p < 0.01$）两个变量之间的相关性显著；政务短视频可信度与政治效能感之间的相关性显著（$r = 0.214, p < 0.01$）。上述相关分析结果为检验研究假设提供了基础。

表 2　核心变量的描述性统计与相关分析结果

变量	均值	标准差	1	2	3	4
1. 政务短视频使用	3.51	0.81	1			
2. 政治效能感	3.65	0.60	0.453 **	1		
3. 政治认同	4.12	0.69	0.432 **	0.599 **	1	
4. 政务短视频可信度	3.82	0.76	0.239 **	0.214 **	0.161 **	1

注：** 表示在 0.01 水平上显著。

（二）政治认同的中介效应检验

本研究采用 Spss Process 插件进行有调节的中介效应检验，在控制了基层青年公务员的年龄、性别、政治面貌、受教育程度等人口学变量的基础上，检验政治认同在政务短视频使用和政治效能感之间的中介效应。中介效应检验结果显示（见表 3），政务短视频使用对政治效能感影响的总效应为 0.305，95% 置信区间不包含 0，表明政务短视频使用对政治效能感具有积极的正向作用，假设 H1 成立。间接效应即中介效应，值为 0.137，95% 置信区间不包含 0，证实了政治认同的中介作用确实存在，假设 H2 成立。直接效应为 0.168，95% 置信区间不包含 0，这在表明政治认同中介作用存在的同时，也证明了政务短视频使用对政治效能感有显著的影响，说明政治认同在政务短视频使用和政治效能感之间发挥的是部分中介作用。

表 3　中介效应检验

类型	效应值	标准误	LLCI	ULCI
总效应	0.305	0.029	0.112	0.225
直接效应	0.168	0.029	0.119	0.225
间接效应	0.137	0.017	0.106	0.171

注:ULCI 和 LLCI 分别表示 Bootstrap 95% 置信区间的上下限。

(三)政务短视频可信度的调节效应检验

为了检验政务短视频可信度在政务短视频使用对政治效能感的直接影响中的调节作用和政务短视频可信度对政治认同中介效应的调节作用,本研究将政治认同和政治效能感分别作为因变量,考察政务短视频使用及其可信度的交互作用。

模型一考察了政务短视频可信度在政务短视频使用对政治认同的影响中所发挥的调节作用,政务短视频可信度与政务短视频使用的交互项与政治认同显著正相关($p<0.001$,CI = [0.131,0.324]),假设 H3 成立。模型二考察了政务短视频可信度在政务短视频使用对政治效能感的直接影响中所发挥的调节作用,政务短视频可信度与政务短视频使用的交互项与政治效能感显著正相关($p<0.05$,CI = [0.036,0.131]),假设 H4 成立(见表 4)。

表 4　政务短视频使用对基层青年公务员政治效能感影响的回归分析

因变量	模型一:政治认同			模型二:政治效能感		
	SE	P	95% CI	SE	P	95% CI
性别	0.054	0.833	[-0.095,0.118]	0.041	0.945	[-0.077,0.083]
年龄	0.039	0.337	[-0.039,0.114]	0.029	0.617	[-0.072,0.043]
学历	0.055	0.120	[-0.023,0.195]	0.042	0.046	[0.001,0.163]
政治面貌	0.059	0.342	[-0.172,0.060]	0.044	0.228	[-0.141,0.034]
政务短视频使用	0.035	0.000	[0.266,0.404]	0.029	0.000	[0.112,0.225]
政治认同				0.033	0.000	[0.344,0.474]
政务短视频使用 × 政务短视频可信度	0.049	0.000	[0.131,0.324]	0.038	0.011	[0.036,0.131]
R^2	0.229			0.420		
F	22.037 **			26.935 **		

注: ** 表示在 0.01 水平上显著。

为了更加直观地表明政务短视频可信度的调节作用，本研究采用 Bootstrap 法，将政务短视频可信度均值分别加减一个标准差，得到低政务短视频可信度（M－1SD）和高政务短视频可信度（M＋1SD）两组变量，在95%置信区间内，检验不同的政务短视频可信度水平下政务短视频使用对政治效能感直接效应的显著性，以及政务短视频使用经政治认同对政治效能感的中介效应的显著性。

检验结果如表5和图2、图3所示。在直接效应方面，低政务短视频可信度（CI＝[－0.042，0.209]）在95%置信区间内包含0，高政务短视频可信度（CI＝[0.135，0.287]）在95%置信区间内不包含0，且效应为正。在间接效应方面，低政务短视频可信度（CI＝[0.024，0.110]）和高政务短视频可信度（CI＝[0.167，0.251]）在95%置信区间内均不包含0，且效应为正。由此可见，对于认为政务短视频可信度较低的基层青年公务员，只有在政治认同的中介作用下，政务短视频使用才会正向影响其政治效能感。而对于认为政务短视频可信度较高的基层青年公务员，无论是否经由政治认同的中介作用，政务短视频使用都会正向影响其政治效能感。

表5 有调节的中介效应检验

类型	直接效应				间接效应			
政务短视频可信度	效应值	标准误	LLCI	ULCI	效应值	标准误	LLCI	ULCI
低（M－1SD）	0.061	0.043	－0.042	0.209	0.067	0.022	0.024	0.110
高（M＋1SD）	0.211	0.039	0.135	0.287	0.207	0.022	0.167	0.251

注：ULCI 和 LLCI 分别表示 Bootstrap 95%置信区间的上下限。

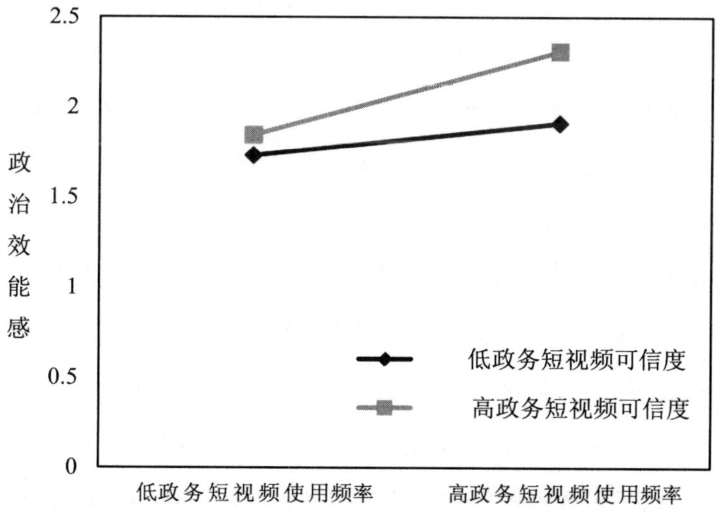

图2 政务短视频可信度对政务短视频使用影响政治效能感的调节效应

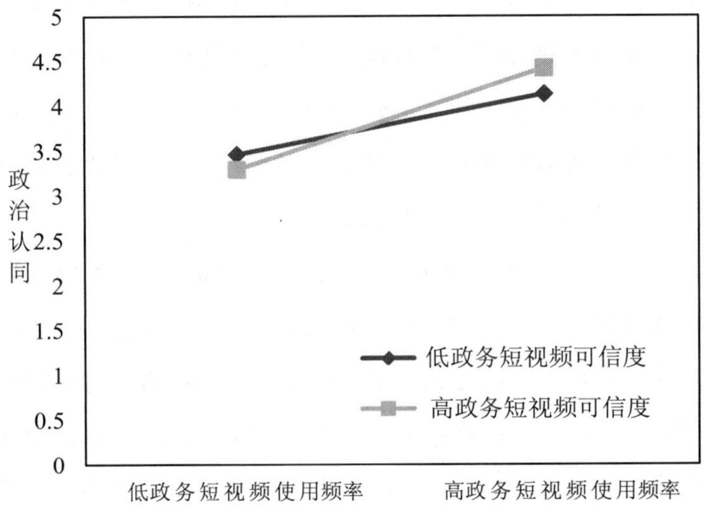

图3 政务短视频可信度对政务短视频使用影响政治认同的调节效应

五、结论与讨论

(一)研究结论与理论贡献

基层青年公务员的政治效能感关乎国家治理成效,提升基层青年公务员的政治效能感是国家政治文明建设的重要实践课题。通过对河南省527名基层青年公务员进行问卷调查以及对12名基层青年公务员进行深度访谈,本研究考察了政务短视频使用对基层青年公务员政治效能感的影响,并对政治认同的中介效应和政务短视频可信度的调节效应进行了检验。研究发现,当前,基层青年公务员政治效能感较高,但相较于外部政治效能感,内部政治效能感偏弱。繁杂琐碎的日常行政工作、现实工作环境和职业理想的偏差以及来自工作和生活的双重压力等,在一定程度上消耗了基层青年公务员的工作热情,使其对自身职业成就和能力持消极、否定的态度。提升基层青年公务员的政治效能感,需要强化其对自身政治身份属性和职业价值感的认知。政务短视频使用对基层青年公务员的政治效能感具有积极的预测作用,政治认同在其中发挥了部分中介效应,政务短视频可信度在政务短视频使用对政治效能感的直接影响以及政治认同的中介效应中均发挥了调节作用。

首先,政务短视频使用对基层青年公务员的政治效能感的提升具有正向促进作用。基层青年公务员政务短视频使用有助于提升其参与政治生活的积极性、归属感和认同度,这与学界以往的研究结论相一致,即政治信息供给越多,人们接触政治信息并将其内化为政治态度的可能性就越高。[①] 大众媒介对人们的价值观念的形成具有潜移默化的影响,政治社会化理论指出,个体通过接收政治信息确定自身的政治态度,这种政治信息的传播可以内化为政治观念和技能教育,从而培养人们对政治系统的认同和支持。政务短视频拓展了时政信息传播和价值观念引领的渠道,丰富了政民互动的方式和模式,有利于提高基层青年公务员行政工作效率以及参与政治生活的积极性与认同度。

其次,基层青年公务员政治认同在政务短视频使用和政治效能感之间起到中介作用。研究发现,基层青年公务员的政务短视频使用正向影响其政治认同,同时,基层青年公务员的政治认同也正向影响其政治效能感,即政治认同是基层青年公务员提升政治效能感的重要影响因素,这也就回答了基层青年公务员的政务短视频使用为什么会以及如何对其政治效能感产生正向影响的问题。研究通过深度访谈进一步发现,基层青年公务员通过使用和浏览政务短视频,可以增强其对当前政策制度的认可和对政府工作的认同,更加信任政府部门可以及时回应民众诉求、解决民众实际问题、造福百姓,从而提升其外部政治效能感。同时,政务短视频对国家政策制度的解读、对正能量故事的传播以及提供的便民服务,有利于强化基层青年公务员对自身政治身份属性的认可和对职业价值的认同,提升其积极参与政治生活的意愿和能力,这样其内部政治效能感也将提升,体现在日常工作事务中就是工作效率和主动性不断提升。由此可见,政务短视频使用通过促进基层青年公务员政治认同的内化,增强其对国家政体和政策制度的认识,[②]从而增强基层青年公务员的身份认同感及其对自身政治参与能力的认可,影响其政治效能感。随着基层青年公务员的政治社会化程度和政治效能感的不断提升,他们也会更加积极主动地使用政务短视频获取时政信息,提高政务工作效率。

最后,政务短视频可信度正向调节政务短视频使用对基层青年公务员政治认同的

---

① VAN AELST P,STRÖMBÄCK J,AALBERG T,et al. Political communication in a high-choice media environment:a challenge for democracy? [J]. Annals of the international communication association,2017,41(1):3-27.

② RANEY T,BERDAHL L. Birds of a feather? Citizenship norms,group identity,and political participation in western Canada[J]. Canadian journal of political science/revue canadienne de science politique,2009,42(1):187-209.

影响,同时也正向调节政务短视频使用对其政治效能感的影响。其中,认为政务短视频可信度较高的基层青年公务员的政务短视频使用在直接效应和中介效应下均可对其政治效能感产生正向影响;对于认为政务短视频可信度较低的基层青年公务员而言,其政务短视频使用必须在政治认同这一中介的作用下才能正向影响政治效能感。政务短视频的传播效果受用户媒介信息接纳程度的影响,对媒介的信任意味着用户将媒介信息作为构建外部世界的主要资源,这将不断扩大其政治认知途径,形成客观的政治判断力。[①] 结合深度访谈可以发现,对于认为政务短视频可信度较高的基层青年公务员来说,其更倾向于相信并认可政务短视频所传达的信息和价值观,因此,政务短视频的政治效果转化率更高,可以直接提升其政治效能感。而对于认为政务短视频可信度较低的基层青年公务员来说,其对政务短视频的接受度较低,政务短视频对其政治价值和能力的直接影响较弱,需要先提升其政治认同感,进而将其政治认同感内化为对自身政治效能的感知。这也说明,要提升基层青年公务员的政治效能感,有效的策略是提高其对政务短视频的使用和信任度。

基于上述研究结论,本研究在理论层面获得的启示如下。第一,本研究从媒介接触和媒介信任两个方面揭示了基层青年公务员政治效能感提升的媒介作用机理,即政务短视频对基层青年公务员政治效能感具有积极的塑造作用,并且其政治效能感受到个体媒介信任度的影响。根据政治社会化理论,个体政治态度的形成受到其接触的政治信息的影响。[②] 基层青年公务员不仅是政务短视频的使用者,也可能是发布者,使用政务短视频会增强其对政治体制的信心、参与政治事务的意愿以及对自身能力的认可,提升其政治效能感。其中,认为政务短视频可信度较高的基层青年公务员,更倾向于接受和认同政务短视频所传递的时政信息和政治价值观念,政务短视频使用对其政治效能感的提升作用更加明显。对于认为政务短视频可信度较低的基层青年公务员,政务短视频使用对其政治效能感的直接作用有限,需要在提升其政治认同的基础上进一步影响其政治效能感。第二,本研究从心理感知层面加深了对政治效能感形成机制和过程的理解。政治认同的中介作用表明,政务短视频对基层青年公务员的影响实现了政治信念和政治行为感知的统一。政务短视频使用促进了基层青年公务员的政治

---

① 王菁.媒介使用如何影响我国大学生微博政治参与——一个以政治心理为中介变量的实证测度[J].新闻与传播研究,2017,24(7):50-74+127-128.

② VAN AELST P, STROMBACK J, AALBERG T, et al. Political communication in a high-choice media environment: a challenge for democracy? [J]. Annals of the international communication association, 2017, 41(1): 3-27.

认同内化，增强了其对政治组织的归属感、对自身政治身份的认同感和自豪感以及对自身政治参与能力和影响的感知与认可，进而对政治效能感产生影响，使其在处理日常工作时更加积极、主动、高效。

（二）实践启示与研究展望

本研究的结论具有实践意义。首先，在移动短视频时代，应该重视政务短视频对基层青年公务员政治心理的积极影响。要充分发挥政务短视频在政治知识培养、舆论引导和思想价值引领等方面所具备的重要作用，不断深化基层青年公务员的职业价值感、荣誉感和主人翁意识。在政务短视频的内容运营上，应将重大时政主题宣传和展现国家发展成就的宏大叙事，与日常展现基层正能量的个体叙事相结合，增强时政内容的贴近性和趣味性；重视用户的短视频使用习惯，避免因发布宣传信息过于密集而使用户产生反感情绪。本研究进一步发现了政务短视频可信度的正向调节作用，基层青年公务员对政务短视频的信任度会影响政务短视频的传播效果。正如霍夫兰的说服理论所提出的，“信源可信度越高，其说服效果越好”①。政务短视频应完善信息核查、把关机制，提高运营者的政治素养和媒介素养，增强自身的互动性、参与性和便民性，提升用户黏性，维护官方媒体的权威性和可信度，这有助于从心理认知层面增强人们对官方媒体和政治系统的信任和依赖。

其次，要重视政治认同对于提升基层青年公务员政治效能感的重要意义。政治认同是有效连接政务短视频使用与政治效能感的中介，基层青年公务员作为党和政府发挥行政事务管理与执行职能的中坚力量，作为与基层老百姓联系最为密切的政府工作人员，对自身政治身份属性的认知将直接影响其政治效能感。应通过多种渠道、多种形式加强基层青年公务员“不忘初心、牢记使命”主题教育，积极宣传基层青年公务员的先进事迹，规范其价值观念，增强其职业荣誉感、使命感和身份认同，进而提升其政治效能感。

另外，本研究也存在一定的局限性。一是本研究仅针对河南省基层青年公务员进行了抽样调查和深度访谈，缺乏对该研究议题区域差异性的观照，这限制了结论的外部效度。二是在复媒体环境下（polymedia environment），基层青年公务员的媒介接触

---

① 霍夫兰，贾尼斯，凯利. 传播与劝服：关于态度转变的心理学研究[M]. 张建中，等译，北京：中国人民大学出版社，2015：15.

渠道多样化,不同类型媒体使用对政治效能感的影响及其交互效应有待进一步厘清。三是本研究主要考察政务短视频使用频率对基层青年公务员政治心理的影响,政务短视频使用诉求、内容偏好、参与度等因素与政治心理之间的关系值得进一步挖掘。

(作者秦静系郑州大学新闻与传播学院讲师、博士、硕士生导师,新华通讯社－郑州大学穆青研究中心研究员;潘欣奕系中国传媒大学传播研究院硕士研究生)

论文编译

从政治文化到政治传播文化

——一种比较分析的理论方法①

◇ [德]芭芭拉·芬奇(Barbara Pfetsch)

◇ 袁千惠 吴乐言 编译

编者按: 本文原题为 *From Political Culture to Political Communications Culture: A Theoretical Approach to Comparative Analysis*,选自弗兰克·伊萨尔(Frank Esser)与芭芭拉·芬奇(Barbara Pfetsch)主编的 *Comparing Political Communication: Theories, Cases, and Challenges* (New York: Cambridge University Press,2004:344-366.)本文以政治文化研究为理论资源,对"政治传播文化"的概念进行了界定,从自我形象与传播输出端两个维度,将政治传播文化区分为四种类型,并以此分析了不同类型的政治传播文化产生的政治公共话语的可能结果。尽管"政治传播文化"这一概念在可操作性方面有争议,但是芬奇关于政治传播类型的划分对于中国政治传播研究而言无疑是有启发意义的。

关键词: 比较政治传播,类型学,政治传播文化,比较研究

政治传播对国际比较研究的需求具有深远影响,因为这抛开了政治和媒体传播中隐含的前提和国家特殊性,以寻找政治内容传播的普遍模式,最重要的是,以此研究政治传播的后果和影响。因此,在谈到政治传播的现代化(Swanson and Mancini,1996)或政治传播系统的全球融合,甚至试图从经验上证明它们时,仅仅描述竞选活动、政治

---

① 原文信息:PFETSCH B. From political culture to political communications culture: a theoretical approach to comparative analysis[M]//ESSER F, PFETSCH B. Comparing political communication: theories, cases, and challenges. New York: Cambridge University Press, 2004:344-366. 本编译论文是国家社科基金青年项目"政党制度视域下的比较政治传播研究"(20CZZ005)的阶段性研究成果。

家的电视露面或政治公共关系实践中孤立的表象是远远不够的。为了解释不同国家政治传播的异同,有必要理解政治传播的过程以及政治行动者和结构共同作用下的公共形式。也就是说,西方民主国家的政治传播首先应被理解为政治行动者和媒体行动者之间的互动过程。其次,这些过程发生在不同政治系统(例如选举制度的机制或政党系统的组成)和不同媒介体制(例如商业化程度差异很大的媒体市场)的背景中。

在比较方法中,政治传播被视为具有结构和文化双重维度的系统。政治传播的结构维度在宏观和中观层面涉及政治系统和媒体机制的制度条件,文化维度则涉及描述专业政治传播活动中的行动者及其行为的主观取向、态度和规范。如果政治传播过程被视作行动者的行动和结构条件之间的相互作用,那么比较研究的方法将能为分析这些过程提供相当大的帮助。通过比较能够改变结构和语境条件,并且得知众多行动者的取向。

比较研究设计不仅代表着一种实证研究的策略,还要求对所研究主题的相关问题和理论概念进行充分说明。这就是撰写本文的动机:发展出一个现代民主国家中政治行动者和媒体行动者之间互动的比较研究视角。其重点在于政治传播中的行动者,这些行动者通过提供政治信息来换取媒体的宣传,这一取向建构了政治传播文化。它假设政治传播行动者所处的政治与媒体之间的交互空间对于理解政治对象在国家公共领域的表现至关重要。记者和政治发言人的取向塑造了这种环境的特点,继布鲁默和戈维奇(Blumer and Gurevitch,1995:19)之后,可以称这种环境的特点为一个国家的政治传播文化。政治传播文化在政治如何被主题化方面发挥着核心作用,这对民主进程也有深刻影响。用达尔(Dahl,1989:111)的民主理论术语来说,政治传播的质量可以通过它是否有助于公民之间的"开明的理解"①(enlightened understanding)来衡量,即个人在判断政治决策者的表现和决定的基础上提升政治参与的可能性和能力,因此,它是对每种政治传播文化的民主理论的检验,能够检验一种政治传播文化是否允许或能产生允许公众理性地理解政治过程的话语。反之亦然,如果政治传播文化损害了政治话语的合理性,那么它就会对民主进程产生功能性阻碍。

本文论述了政治传播文化是一个国家政治文化的重要组成部分这一论点。因此,

---

① "开明的理解"是民主过程的标准之一,其内涵为"每个公民都应该具有充分且平等的机会,去发现和证明对公民利益最有利的事务的选择正当性(在决策需要允许的时间之内)"。达尔. 民主及其批评者[M]. 佟德志,译. 长春:吉林人民出版社,2006:147. ——译者注

政治与媒体之间的关系是影响民主进程的合法性和稳定性以及政治话语风格和质量的核心因素。鉴于此,本文将政治传播文化的概念作为一种可能的政治传播比较分析的方法提出并进行讨论,这种方法侧重于研究政治传播行动者的行动和态度的具体角色条件,这些条件根据特定国家的行动者群体和结构条件塑造了不同类型的政治传播概况。它同样假设政治的公共代表性随政治传播的结构和文化变化而变化。

用以支撑论点的第一步是更细致地辨析政治传播文化的抽象概念及其实质性内涵,第二步是提出一种用于国际间比较分析、有助于政治传播文化典型化的启发式概念,紧随其后要考虑在不同国家舞台的何种结构条件下可以想象出何种类型的政治传播文化,以及在每种情况下可以期待什么样的政治话语概况。研究的目的是为政治传播的理论概念化作出贡献,这可以作为政治传播系统的国际比较实证研究的基础和出发点。

一、政治文化与政治传播文化:概念的说明与多重维度

(一)澄清阿尔蒙德(Almond)和维巴(Verba)的原始概念

政治传播文化的概念是在20世纪70年代由布鲁默和戈维奇(1977,转引自Blumler and Grevitch,1995)从传播研究中引入的。该议题提出的时间绝非偶然,因为当时两位作者恰好正在从事政治文化研究,而这项研究的源头始于20世纪60年代阿尔蒙德和维巴研究的“公民文化”(Almond and Verba,1963;Almond,1980)。政治文化研究关注公民的主观取向,即规范政治行为的观念和价值准则(Verba,1965)与民主制度的结构条件之间的相互作用。“当我们谈到一个社会的政治文化时,我们指的是内化于其人口的认知、感受和评价的政治系统……一个国家的政治文化是其成员对政治对象的取向模式的特定分布”(Almond and Verba,1963:13)。基于这样的假设,只有在社会成员的基本价值观念和取向与社会政治和制度结构相适应时,政治系统才能稳定,政治文化研究试图描述这种在政治制度框架内行动的公民的态度和规范(Verba,1965:514)。

如果将政治文化研究的关注点转移到政治传播这个子领域,那么就不能仅通过政治和媒体系统的制度结构指标来解释政治传播系统。更确切地说,赋予该系统意义的

是政治和媒体行动者的主观取向。在这种政治传播观中,具有决定性的是政治行动者和媒体记者之间的交流受到媒体和政治背景下一系列取向和规范的调节,换句话说,受到政治传播文化[①]的调节(Blumler and Gurevitch,1995:19),甚至可以说,行动者的态度是衡量一个国家政治传播质量和稳定性或者变化的决定性标准。

针对政治文化研究的批评并不能质疑可以将政治传播文化理解为一个国家一般政治文化的组成部分,通过比较各国的政治传播文化,可以系统地分析政治传播系统的结构。在关于政治文化的争论中,民族国家是否是一个有意义的分析参考单位一直受到质疑,因为从个人取向到民族国家层面的聚合是相当大的一步(Pappi,1986)。因此,维巴(Verba,1980:406)建议保持较小的分析单位,考察特定的亚文化及其价值结构,而不是大规模的国家总量。卡塞(Kaase,1983:161-163)和帕皮(Pappi,1986:281)强调,人们也可以选择较小的政治单位或社会系统,例如区域性的、文化的或结构性的子系统,以便对政治文化进行富有成效的分析。对特定亚文化的研究比全面分析更具有接近社会现实的优势。

在这种背景下,选择政治传播系统作为政治文化的相关子系统和分析单元似乎是显而易见和合理的,其重点在于政治传播活动中行动者即政治发言人和记者的取向。与政治文化类似,政治传播文化可以被定义为政治信息生产系统中的行动者对特定政治传播对象的经验观察取向,该取向决定了政治行动者和媒体行动者与其共同的政治公众的沟通方式。

(二)政治传播文化的对象

谈及政治文化的概念,则需要明确政治传播文化的维度及其经验要素。通过与政治文化研究在这一点上的类比,阿尔蒙德和维巴(Almond and Verba,1963:16)提出的多重维度[②]也可以应用于政治传播系统(见表1)。由此可以确认以下政治传播文化的对象:生产、处理和传达政治信息的系统,该系统的输入端、输出端,以及维持政治传播的角色分配和规范。

---

① 这种文化的概念与“Kultur”的常用语义关系不大,“Kultur”是德语中表示智力和艺术表达形式之总和的一般概念;而此处的文化概念是指可观察的规范和规则,这些规范和规则能够在特定关系中调节相互依赖的行动者之间的相互作用。

② 阿尔蒙德和维巴(1963:16)提出了一种基于帕森斯(Parsons)的理论的分析模式,该模式将政治系统的四个对象确定为态度维度的一般政治系统、输入结构、输出结构以及在系统中起作用的个人自我形象。

表 1　政治传播文化的多重维度

维度	对象导向
政治传播系统	作为媒体和政治相互渗透系统的政治传播系统
输入端	公众舆论
输出端	政治公共关系,新闻管理,传播策略
自我形象	传播角色定位,互动规范准则

1. 政治传播系统

与政治、法律或经济这些可以通过功能和编码在很大程度上区分彼此的社会子系统相比,政治传播系统是由其他两个社会系统,即政治和大众传媒中的公共领域的元素组成的。基于此,德国系统理论的支持者会问,究竟是什么机制使两个子系统结合起来形成政治传播系统的?蒙赫(Münch,1997:89)为整合功能差异化子系统的问题提供了解决方案。他认为,两种社会系统的整合发生在特定的传播媒介(例如,政治系统中的权力或公众注意力)在子系统输入端和输出端间跨越边界的传输范围内。政治系统中权力的产生明确依赖于从其他社会系统中获取的资源,例如注意力、价值承诺和物质资源;同样,媒介注意力的产生也依赖于其他系统的资源,例如政治自治、言论自由、信息、法律的确定性、金钱等。根据蒙赫的说法,整合意味着将子系统之间的交换过程制度化。

政治传播系统可以被看作两个功能不同的子系统整合意义上的制度化。换言之,政治传播系统规范了政治与媒介之间的跨界传播,形成了一种“不属于任何子系统的通用传播语言”,并且二者间的接触越多,就越能发展出“跨越边界、融合为一的归属感”(Münch,1997:90)。从这个角度来看,政治传播系统是一个“经验系统”(Münch,1997:93),经验系统的概念既关注交换关系的制度化,也关注其中的行动者。雷纳特(Renate,1988)认为,如果可以在系统本身和系统环境中的行动者的主观取向中找到其功能,则可以说存在有区别的子系统。

2. 政治传播系统的输入端

政治传播系统参与者的共同参考单位是公众。具有某些特定信息需求的媒介受众的偏好和诉求与具有特定政治诉求的选民的偏好和诉求在舆论建构中汇聚。从民主理论的角度来看,舆论是民主制度中公共选择的核心规范因素,它激发并维持了政治沟通。从这个意义上说,可以将政治传播行动者对舆论的社会建构理解为政治传播系统的输入端和政治传播文化的中心维度。

3. 政治传播系统的输出端

政治传播系统的输出端与政治信息的生产、处理和传播有关。政治系统中跨界传播的功能领域是政治公共关系,在具体的组织层面上,政治公共关系工作者的工作是提出议题、构建和评估议题,以及确定何时将其公之于众(Baerns,1985)。政治公共关系的议题生成功能是会产生后果的,因为议题的选择会影响参与者的形象,这意味着政治公共关系不仅可以提供议题,还可以利用这些议题影响有关组织和参与者的舆论的产生,这一行为以说服为意图,即以制造同意为目的(Gerhards,1994:97-100)。

4. 政治传播系统中行动者的自我形象

在政治传播中作为行动者的系统成员被赋予了特定能力,这可以被描述为政治传播系统的第四维度。成员自身的角色定位与发言人和记者对自己身份的理解以及他们在生产政治信息的过程中对对话者的期待有关。就新闻业而言,传播者研究表明,记者对其专业角色的定位在很大程度上取决于专业环境和职能背景(Scholl and Weischenberg,1998:221)。尽管如此,也可以根据记者的特定定位模式来描述国家的媒体文化。

然而,很难统一评估政治发言人对角色的理解,正如难以界定这些行动者的活动领域和社会化背景一样。关于政治传播中发言人的角色,最初可以区分为两类:充当"为自己的目标进行传播的传播管理者"的政治家(Bentele,1998:136)和"特殊类别的专家"(Neidhardt,1994:15),这类人在由于政治传播的差异化而出现的专业职位上工作。坦舍特(Tenscher,2003)将后者描述为"政治传播专家",即在自己不担任政治职务的情况下,在政治机构/行动者内部工作或在其之外为其工作的人,他们的工作是以符合媒体逻辑的方式公开展示政治家形象及其相关信息。

政治传播行动者的行动领域,无论是在新闻业还是政治公共关系领域内,都不够专业,因为这两个领域的社会化采取的都是"在工作中学习"的形式。在目前的背景下,需要注意政治发言人和记者的自我形象,即他们的规范和价值观,其作为原属组织的跨界"传播者"的身份带来的紧张结果塑造了其自我形象的特点。

二、政治传播文化的类型

政治传播系统的发展首先要通过政治发言人和记者之间有意且持久的交流关系，其次要通过这些群体之间的紧张关系，这些构象及其类型可以作为对政治传播文化进行分类的理论标准。政治发言人和记者的对立取向，理论上可以与政治传播文化的所有方面联系起来，然而实际上，双方的紧张关系主要表现在两个层面：一是自我形象层面，即自身职业行为规范；二是与互动输出相关的行动取向层面，特别是政治公共关系与政治信息的生产和框架的配合。在政治传播文化的这些方面，原始系统和组织的不同利益和特征发生了最激烈的碰撞。

（一）自我形象和角色：近距离与远距离

政治发言人和记者的形象（无论是自我生成的还是他人给予的）存在差异，这一事实是每种政治传播文化的典型特征。萨奇内利（Sarcinelli，1998：255）因此呼吁对政治和媒体行动者之间的互动关系进行实证研究，"允许产生关于政治和新闻之间在制度和规范上适当和不适当的接近或保持距离的陈述"。然而，很难找到衡量政治发言人和记者之间"适当"距离的标准。因此，对传播关系的现实分析只能寻求确定给定一方的或高或低的接近程度以及或多或少的自由。因此，传播文化只能通过两个群体的规范取向之间的差异或距离来区分。文献记载的关于记者与政客或其发言人关系的两个极端立场，分别来自关系比较紧张的美国和关系明显密切、共生的日本。

（二）输出：媒体逻辑与政党政治逻辑

在政治传播文化的输出层面，政治公共关系行动目标的取向是可能影响政治传播文化性质的相关因素。马佐莱尼（Mazzoleni，1987：85）提出的竞选宣传二分法，提出了政治信息生产的两个基本方向。媒体逻辑与媒体的价值和形式有关，通过媒体的价值和形式来强调、处理和解释事件和问题。以媒体为导向的政治公共关系变体旨在直接且专门地获得积极的媒体展示和尽可能广泛的关注。这种导向可以或多或少地等同于政治营销，在这种营销中，传播形式事先已经确定，而实质性信息随后才形成。信息的政治内容或实质是次要的。在政党逻辑中，政治行动者和政党的规范、权力政治和计算是政治信息生产的重点。在这种政治公共关系的变体中，媒体是达到目的的一种手段。因此，传播的目的是在政党之间和针对公众的政治竞争中为政治行动者提供有利的位置和战略优势，并实施政治计划。

在自我形象和政治传播输出两个维度上对政治传播文化进行分类时，这两个层次及其属性的结合产生了一个四域图式，为政治传播文化分类提供了启发式程序。政治传播参与者的自我形象差异（疏离与接近）和政治公共关系的取向（媒体逻辑与政治逻辑）相结合，产生了四种可能的政治传播文化类型（见表2）。

表2 政治传播文化的类型

		自我形象（传播角色定位和规范准则）	
		政治发言人和记者之间的距离较远	政治发言人和记者之间的距离较近
传播输出端（政治公共关系的导向）	受媒体逻辑支配（媒体注意力是首要目标）	媒体导向的政治传播文化	公共关系导向的政治传播文化
	受政治逻辑支配（政治规则是首要目标）	策略性政治传播文化	（政党）政治传播文化

（1）以媒体为导向的政治传播文化：以媒体为导向的政治传播文化的特点是，政治发言人如果要具备传播信息的资格，就必须接受将媒体生产的准则作为自己的准则，这是所有传播的先决条件，因为没有其他社会机制，如个人信任或尊重，可以克服利益冲突。

（2）以公共关系为导向的政治传播文化：在以公共关系为导向的政治传播文化中，行为者之间形成了一种共识，即政治信息将由吸引大众媒体注意力的规则生成，这是由社会邻近性和个人共识所支持的。这种政治传播文化的变体，主要来源于新闻业和公共关系之间的密切关系，对应本特勒（Bentele，1998）所说的“相互作用”。

（3）（政党）政治传播文化：在（政党）政治传播文化中，政治逻辑，特别是政党或政府的权力—政治计算决定了传播关系，如决定假说（Baerns，1985）所示。当政治发言人和记者之间的社会或政治关系密切时，传播按照政治行为者的规则进行，尽管这意味着媒体失去了自主权。

（4）策略性政治传播文化：在这种文化中，政治发言人必须部署战略措施来传播他们的信息。他们将政治公共关系作为一种战略政治资源,并利用他们关于政治信息的生产和影响的专业知识,有目的地为政治精英的具体的和短期的目标服务(Manheim,1997)。策略性政治传播文化的特征是,政治代言人在追求其权力政治目标的过程中,试图借助自己的游戏规则将媒体工具化。

启发式程序的一个问题是,这种划分是困难的,不可能在所有的维度上都具备强有力的解释力。但可以预期的是,探索政治传播中行为者的取向将至少提供一些迹象,表明一个人处理的是一种以媒体、(政党)政治、公共关系为导向的政治传播,还是一种策略性政治传播文化。这涉及两个方面的考虑。

首先,每一种实际可观察到的政治传播文化都是政治系统和媒体系统中特定结构条件排列组合后的表达。因此,问题是政治传播的结构条件是什么,以及与之对应的政治传播文化类型是什么。

其次,从民主理论的角度出发,考虑到西方民主国家政治传播的普遍问题,必须询问的是:不同类型的政治传播文化是如何与民主进程相联系的?换句话说,从民主理论的角度来看,哪些传播文化往往能发挥功能性作用,哪些传播文化在表述议题或传递政治话语方面往往功能性失调?

三、国际政治传播文化比较

政治传播文化概念的特殊魅力在于,它为政治传播过程的国际比较提供了启发式的基础。只有通过比较分析,才能回答本文所提出的政治传播文化类型是否具有经验性和普遍性这一问题。如果能够证明政治系统和媒介系统中政治传播的某些结构背景与某些类型的政治传播文化的发展相关,那么国际比较政治传播研究将向前迈出重要一步。

丹·哈林(Dan Hallin)和保罗·曼奇尼(Pado Mancini)(1984,转引自 Hallin,1994:125)是为数不多的将大众传播媒体和公共领域的结构条件作为政治传播过程的解释因素的学者。“因此,政治结构体现在政治传播的特定方式中,这些传播惯例反过来又深刻地影响了社会中政治话语的可能性。”政治传播的结构条件与主导行动者态度的特定结构之间的联系是一个经验问题。

因此必须对该课题进行大规模的比较研究,但是这类研究需要对可能影响一个国家政治传播文化的结构背景的相关维度和标准有一个概念。

(一)媒体系统与政治系统的结构条件

政治传播文化的本质决定了政治发言人与新闻记者互动的关键结构条件位于媒体系统和政治系统之间。

媒体系统的结构条件与政治方面对媒体组织的具体期望有关,以及对媒体施加影响的政治机制和政治机遇有关。另外,媒体系统的结构条件影响着媒体组织在国家媒体系统和公共领域中的定位。最后,媒体的结构条件影响着职业取向的规范和行为模式,影响着政治发言人和新闻记者之间的交往方式,影响着媒体报道的政治内容。

哈林和曼奇尼(Hallin,1994)将商业化作为媒体系统领域中具有决定性的、显著的标准。在高度商业化的媒体系统中,媒体机构遵循以利益为导向的要求,即最大限度地增加受众,从而获得更高的广告收入。尽管商业系统也受制于某些监管机制,但市场经济逻辑同时与高度的媒体自由和不受政府、政治机构控制的自治相关联。这与由党派媒体主导或以媒体—党派并行结构为特征的媒体系统形成了对比(Seymour-Ure,1974)。在这种体系中,媒体组织遵守媒体所有者强加的政治—意识形态要求,而媒体所有者本身就是政治行动者,或公开偏向某一特定的政治路线。

商业与公共的二分法与这样一种假设有关,即商业系统可能在很大程度上不为公众利益负责。相比之下,对于公共系统来说,这种义务带有政治色彩,因为政治精英认为,政府资助的媒体机构致力于满足公共利益和提供全面的信息服务,从而使他们的传播和宣传要求合法化。

建构政治系统方面的结构背景条件是困难的,因为现代西方民主国家的宪法提供了许多不同的政府和政党制度,这些制度结合文化和历史传统塑造了政治过程和政治传播。根据哈林和曼奇尼(Hallin,1994)的说法,在对与传播过程相关的政治结构条件进行分类时,具有决定性的实际层面是主要的政治议程制定机构如何建构政治公共领域。这听起来可能很抽象,它的意思是,要注意政治公共领域是否被强大的政治组织和利益集团渗透。这些政治组织和利益集团声称有权确定议程和做出政治决策,并且积极地发挥这一作用。截然相反的观点是,政治组织和利益集团的力量是如此薄弱和分散,以至于把确定政治议题及向公众解读政策的机会都留给了媒体。

每一种政府制度都可以进行检验,看看制度设计和宪法安排是否催生了一个政治化或媒体化的公共领域。

就政治系统的结构参数而言,宪法安排对政治进程中的其他制度因素具有决定性的影响。它们主要包括总统制和与之相对的议会制。在欧洲政党制度中,政治议程的构建过程和对政治问题的解释是由基于不同意识形态产生的政党和利益集团驱动的,并由其在议会谈判舞台上作出决定。相比之下,在美国模式中,根据熊彼特和唐斯的竞争民主模式,政党组织作为竞选机器,其目标是获得政治席位,利益集团的专业化和碎片化意味着对政治的解释依赖于两个机构:总统和媒体(Hallin,1994)。总统由于受到国会的强力控制,无权发起立法,因此不得不采取"公开"的策略(Kernell ,986),以确保媒体的支持,因为媒体在公共领域发挥着解释政治的真正作用。

(二)结构条件、政治传播文化与公共话语

结合所提出的维度以及政治系统和媒体系统的结构条件之间的区别,产生了四种政治传播语境,它们可以与所概述的政治传播文化类型相对应(见表3)。

表3 政治传播文化类型和政治公共话语的可能结果

政治传播文化类型	结构条件	政治公共话语的可能结果
媒体导向	商业化、自治媒体/弱政党	去政治化
公共关系导向	双重性、政治化媒体/弱政党	象征性政治与代理性政治占主导地位
(政党)政治	双重性、政治化媒体/强政党	政党代理性政治和政策选择占主导地位
策略性	商业化媒体/强政党	平民主义话题占主导地位

第一种政治传播语境是拥有一个商业化的广播系统和一个具有高度政治自主性的多元化、内部自治的新闻媒体,它们与政治公共结构相结合。由于政党作用的薄弱和社会(利益)集团的分裂,政治议程的构建和对政治的解释掌握在媒体手中。在这种情况下,政治传播在很大程度上是由媒体主导的,从而发展出一种以媒体为导向的政治传播文化。

我们可以假设,媒体所报道的来自政治系统的信息会使用可能有更高受众覆盖率的媒体形式,已有文献讨论了媒体报道的趋势,如政治的个性化,对政治人性化方面的偏好,以及对视觉和(电视)戏剧化的信息娱乐形式的偏好。从长远来看,这

种展示政治议题的方式可能导致政治内容不再在公共话语中发挥作用的情况,在极端情况下它甚至会发展到这样一种程度,即政治内容不再可见。在最坏的情况下,这将使公众对政治的讨论去政治化。公众将不会再认识到议题与政治表现和决策之间的联系。

毫无疑问,这里所描述的以媒体为导向的政治传播文化与美国的政治传播和公共领域密切相关。关于政治沟通过程(Bennett,1988;Entman,1989)和竞选宣传的许多不同的研究、对美国政府和媒体之间的传播关系分析(Pfetsch,2003),以及对电视节目中政治表现形式的研究表明,以媒体为导向的政治传播文化可以成为关于美国政治传播方式的一种合理的解释模式。

结合结构特征产生的传播语境的第二个变体是一种双重的广播系统,广播和电视致力于满足公共利益,因此在政治上具有强大的生命力,它们与或多或少反映政党系统结构的新闻结合,换句话说,媒体系统的政治化程度加深了。如果这一环境与政治公共领域的结构相结合,政治议程和对问题的解释是由意识形态导向的政党和利益集团决定的,并在结构上受到议会制政府的保护,那么媒体和政治的互动就将伴随着一种(政党)政治传播文化。

就(政党)政治传播文化对政治话语的影响而言,新闻的政治工具化是可怕的。在理想情况下,必须怀疑政治行为者试图通过他们对某些实质性方案或决策的意识形态立场来提高其在公众中的形象。从这个角度来看,这种政治传播文化的环境更有可能导致相互竞争的行为体对不同政策选择的主题化。因此从民主理论的角度来看,我们可以期望这种类型的政治传播文化有助于公民理解不同的政策选择和它们的生成过程。然而这种(政党)政治传播文化能够获得某种可能性结果的理想化观点预设了参与政治竞争的行为体确实提供了替代的政策选择。从实际角度来看,关于政策的实质上的分歧往往很小,而政治差异的具有象征性的戏剧化改编(Schmidt,1996)现在是很明显的。

德意志联邦共和国可以为国家内的(政党)政治传播文化提供一个例子。在任何情况下,关于政党内部决策过程中的沟通研究(Jarren et al.,1993)、关于政府和记者行动的环境分析(Pfetsch,2003)、关于竞选传播的研究(Sarcinelli and Schatz,2002)都表明,政党民主的功能逻辑对政治传播的风格和内容仍有更强的影响。然而,媒体环境的变化,特别是日益增加的商业化和媒体之间的竞争,对政治行为者和议题适应对外的公开呈现施加了巨大压力。这可能会模糊政党之间的政治和意识形态的差异,支持毫无意义的替代政治。

第三,一个至少致力于满足部分公共利益的广播系统和一个致力于服务政治的新闻媒体可能会产生一种排列结构。媒体对政治精英的传播利益高度响应,政治公共领域和政治议程由弱势政党和低调(利益)集团构建。这种情况表明,政治传播过程主要是由政治公共关系专业化和策略化所驱动的。在这种情况下,政治发言人和记者之间的互动受到以公共关系为导向的政治传播文化的强烈影响。

在以公共关系为导向的政治传播文化中,象征性政治主导话语和媒体友好型的替代政治是必然的。它对实际政治的公共透明度贡献甚微,然而公共主题的完全去政治化是不可能的,因为新闻记者在他们认为适当的时候也会牵涉政治发言人及其利益。因此,可以期待一种多变和混合的政治话语,在这种话语中,政治表现和决策被象征性地夸大、断章取义。从这个角度来看,本特勒(Bentele,1998:142-143)、龙内贝格和鲁尔(Ronneberger and Rühl,1992)等作者对政治公共关系文化所抱的希望,即政治公共关系的表现会催生公众信任和社会理解似乎是不现实的。

但在给定的结构条件的基础上,人们可以期望政治公共关系文化在某个国家生成,比如瑞士,在那里由于政治过程中政党的弱势和强烈的共识民主因素,加上媒体对精英的回应,形成了一种以现状为导向的面向公众声明的政治风格。无论如何,萨克塞(Saxer,1992:73)的一项研究表明,瑞士的政治传播文化是由政治行动者和新闻工作者的"情感融合"驱动的,他们的关系是由社会亲近性培养的。这不仅抑制了新闻工作者严厉批评政要的倾向(Saxer,1992:59),还意味着政治的呈现几乎没有任何意识形态特征,焦点转向象征性的共识。

第四种政治传播语境的结构将一个主要以商业为目的的广播系统与一个不以政党政治精英为导向的多元化新闻媒体结合在一起,这个媒体系统的公共性和利益导向伴随着高度的政治自治。它是由一个强大的、意识形态上根深蒂固的政党和(利益)集团组成的政治系统。它们控制着政治议程的建构和对政治的解读,并从制度上保障着这些过程。在这种情况下,具有传播利益的强势政治行动者与具有公共导向的强势媒体相对抗。因此,政治传播过程具有强烈的注意力竞争特征,其中政治发言人与新闻记者之间的互动大多由一种策略性的政治传播文化所决定。

在策略性的政治传播文化中,发言人将媒体单位的组织目标和控制手段工具化,以达到自己的目的(Manheim,1998:100-101)。这种传播形式的目的是通过将党内和党际争论、人事和联盟辩论,以及政府政治的战术策略作为主题内容来获得政治竞争优势。从本质上来说,是政治行为者的功利主义目标在发挥作用(Manheim ,1991:8-9)。根据曼海姆的说法,这种传播形式的"讽刺"之处在于它"是绝对民主的,因为传播的操纵手段是基于对目标群体的价值观和需求的观察,而信息的设计则是为了最大限度地满足既定利益"(Manheim,1997:64-65)。尽管如此,公民能够感知到的公共政治的相关功能失调效应也出现了。由于公众依赖于大众媒体提供的信息,而这些媒体很容易受到"战略传播者精英的操纵"(Manheim,1991:10),因此理性的政治话语可能被破坏,政治事实和公开戏剧化的政治之间的区别不再被承认。

在意大利,人们可能会怀疑与这种模式相对应的政治传播文化,在那里政府首脑是最大的媒体所有者,这增加了媒体被战略工具化以达到政治目的的可能性。因此,政治的公众代表是从政治意识形态的角度预先构建的。与此同时,媒体戏剧化和政治主题化的风格旨在为政府面对公众时带来竞争优势。

四、结语

本文在对政治文化进行反思和讨论的基础上,认为政治传播文化作为一个国家整体政治文化的组成部分,对分析现代民主国家政治与媒体的互动关系具有重要的解释性贡献。这一概念在政治和媒体的结构性条件背景下、新闻记者和政治行为者之间典型的传播关系下,可以为政治传播的比较分析提供一个启发式的基础。在这个意义上,本文应被理解为进一步发展研究概念的第一步,这将需要更多的实质上和方法上的阐述。

然而基本思路是确定的:在政治系统和媒体系统的不同结构条件下,对政治行为者和新闻记者之间的特定互动环境的发展,可以用可观察到的角色排列和规范来描述。根据给定的结构环境,一种政治传播文化的发展可以主导一个在空间和文化上可定义的系统。不同的政治传播文化对民主理论有不同影响,主要是媒体如何代表政治或伪政治话语,以及它们如何在公共领域呈现政治。本文假设根据经验观察可以确定,一个国家中占主导的政治传播文化可以帮助解释公共政治话语的模式和质量,尤其是影响民主政治进程的质量。本文通过对不同国家不同类型的政治传播文化的本土化分析,对这一思想进行了概述和说明,但要巩固这一概念的分析价值并检验其实证效用,还需要进一步的比较研究。

（作者芭芭拉·芬奇系德国霍恩海姆大学传播和媒体政策教授;

译者袁千惠、吴乐言系中国传媒大学政府与公共事务学院、政治传播研究所硕士研究生）

基于情境化与证据积累的比较政治传播研究进展①

◇ [瑞士]弗兰克·埃塞尔(Frank Esser)

◇ 王乐轩 编译

编者按:本文原题为 *Advances in Comparative Political Communication Research through Contextualization and Cumulation of Evidence*,选自期刊 *Political Communication*,作者为弗兰克·埃塞尔(Frank Esser)。本文从情境化与证据积累的角度,对比较政治传播研究的最新进展进行了梳理,强调比较研究需要与情境相结合,否则可能导致"去情境化"或"前理论策略"的风险。这对于研究者在国家知识、理论和方法上提出了更高要求,研究者可以采取"元理论路径"化解风险。现有的比较政治传播研究可以分为三类,分别是西方媒介体制的类型学研究、跨国新闻学的比较研究、媒体使用和效果研究。

关键词:比较政治传播,情境,比较研究,研究策略

政治传播研究需要与情境结合起来(Rojas and Valenzuela,2019)。这种呼吁在比较研究中尤其重要,因为比较研究在本质上是关于情境的。它的情境敏感度(context-sensitive)旨在理解情境环境(contextual environment)如何塑造个体层面的政治传播现象(Blumler,McLeod and Rosengren,1992)。通过考虑情境因素,可以更好地理解个人层面的政治传播过程,而且只有将不同国家的政治传播安排进行比较,政治传播的宏观层面特征才会凸显。

---

① 原文信息:ESSER F. Advances in comparative political communication research through contextualization and cumulation of evidence[J]. Political communication ,2019 ,36(4): 680-686. 本编译论文是国家社科基金青年项目"政党制度视域下的比较政治传播研究"(20CZZ005)的阶段性研究成果。

一、情境为何重要

古雷维奇和布鲁姆勒(Gurevitch and Blumler,1990)认为,比较政治传播研究基于这样的假设:政治和媒体系统的不同参数在不同程度上促进或限制政治传播行为。这种观点强调宏观层面的情境对个人行为的影响,即直接的情境效应(direct context effects)。在比较研究的新进展中,有的研究还强调间接情境效应(indirect context effects)和偶然情境效应(contingent context effects)。

直接情境效应的例子是克拉克(Clark,2014)对欧洲政治报道的研究。该研究指出,在国家层面上,媒体对于欧洲政治的报道提升了本地公民对欧盟相关问题的知识水平。这种直接情境效应很容易调查,但却不太能让人信服。间接情境的例子是柯伦等人(Curran,et al.,2009)对于新闻消费的研究。该研究指出,公共服务主导的广播系统(芬兰、丹麦)比商业广播系统(美国)更能增加公众的政治知识,这种影响是通过政治兴趣这一间接途径来实现的。在公共服务系统中,政治兴趣作为一种公民义务,与其他个人层面的影响因素共同促进政治知识的增加。

现实情况大多体现了更加复杂的偶然情境效应(Peter,2003)。舒克等人(Schuck,Vliegenthart and de Vreese,2016)对2009年欧洲议会选举活动中"接触冲突框架"对"投票率"的影响进行了调查。该研究的两个变量被定位在个人层面,同时个人又被嵌套在欧盟成员国中。研究表明影响的强度取决于国家的特征,即媒体报道对欧盟的总体评价。报道越积极,冲突框架对投票率的动员作用越强。该研究将个人(微观)层面和宏观(国家)层面结合起来,前者嵌套在后者中,国家因素被认为是微观层面关系的调节器。

二、情境化框架

高度情境化的比较研究是通过案例分析来考察情境因素的,比较传播研究的分析框架可分为微观、中观和宏观三大维度,具体而言,包括政治传播系统模型(Esser and

Pfetsch,2017:330)、政治传播文化模型(Pfetsch,2014:21)、新闻文化模型(Hanitzsch,Ahva,Oller Alonso,Arroyave and Vos,2019:36),以及新闻领域模型(Benson,2010:616)。进一步的研究包括比较媒体多样性模型(Humprecht and Büchel,2013:442)、比较政党竞选传播策略(Boomgaarden and Schmitt-Beck,2016:135;Esser and Strömbäck,2012:294;Kiyohara,Maeshima and Owen,2018:195;Lilleker,Tenscher and Štětka,2015:295)、比较政治新闻报道(de Vreese,Esser and Hopmann,2017:27;Dimitrova,2018:280;Esser and Strömbäck,2012b:317),以及用于比较政治新闻研究的消费机会(Esser,de Vreese,Strömbäck,van Aelst and Reinemann,2012:249)和消费效果(Boomgaarden and Song,2019;Mosca and Quaranta,2015:330)。

理想情况下,情境化框架(contextualized frameworks)应该是宏观理论与微观理论的结合。一方面,它整合政治系统或媒体系统的理论,强调宏观层面的特征、类型和形成特点(Hallin and Mancini,2004)。另一方面,它整合微观层面有关政治传播的行为者、内容或过程如何受宏观层面因素影响的理论,如记者或竞选顾问的角色概念、政治新闻的框架类型、公民情感极化。此外,在微观和宏观层面之间,还有组织和网络这一中观层面的分析框架。成熟的比较研究会关注跨层次的互动,对于这些互动首先需要在理论上分析其因果机制,然后通过研究假设进行实证检验。

进行跨层次的研究,需要研究者了解特定国家的情境知识,否则就会陷入"去情境化"(decontextualisation)或"前理论策略"(pre-theoretical strategy)的风险。曼奇尼和哈林(Mancini and Hallin,2012)认为,当研究者不加思索地将理论概念和测量方式从一个研究情境(如美国)转移到另一个研究情境时,就有去情境化的危险。如果在收集和解释数据时没有充分考虑具体的国家情境,研究可能会产生过于简单且无用的数据。斯旺森(Swanson,1992)所说的前理论策略,是指在没有任何理论指导下收集数据的研究,理论的作用只是为了阐释收集的数据。这种采取前理论策略的研究,通常是描述性的和缺乏理论深度的。

如何抵御这样的风险?斯旺森(Swanson,1992:28)提出了一种"元理论路径"(metatheoretical approach),通过整合相关方法提供一个"强大而清晰的解释框架"(Mancini and Hallin,2012:513),以便为研究的假设发展、方法选择和结果评估提供指导。诺里斯(Norris,2009:323)认为,如果没有理论地图或概念指南,比较研究只能停留在空想的"巴别塔"中。罗贾斯和瓦伦苏埃拉(Rojas and Valenzuela,2019)强调,跨国调查研究必须结合当地的情境,不仅在解释调查结果时需要考虑情境,在收集数据时同样需要考虑情境,从而更加公正地考察现实的复杂性和相关理论。

三、知识积累

使用情境化的框架模型可以促进经验的积累(the accumulation of evidence)和理论的情境化(the contextualization of theories),有三个具体案例。第一个例子来自哈林和曼奇尼(Hallin and Mancini,2004)关于西方媒介系统的类型学研究,它是比较政治传播研究中最重要的宏观理论之一。随后的研究试图在三个方面深化该研究。首先,将哈林和曼奇尼(Hallin and Mancini,2004)所提出的概念进行操作化,从而将定性研究和历史制度主义研究转化为定量研究。许多研究验证了该类型学划分的合理性,同时也有研究揭示了其中划分的偏差和具体的完善方式(Brüggemann,Engesser,Büchel,Humprecht and Castro,2014;Esser and Umbricht,2013)。其次,一些研究试图将该类型学的划分扩展到非西半球,为东欧、拉丁美洲、亚洲和非洲地区的国家提出媒介系统模型(Hallin,2016)。研究人员还提议扩大原有的比较维度,以更好地适应非西方媒介系统(Castro et al. ,2017;Voltmer,2012,2013)。最后,一些研究提出了完善哈林和曼奇尼(Hallin and Mancini,2004)比较维度的具体建议,如基于现代信息技术发展所产生的影响媒介系统的新指标(Mattoni and Ceccobelli,2018)。这三种研究的新进展,对从事媒介体系研究的学者以及那些想要将中观理论与媒介系统进行结合研究的学者都具有重要价值。哈林和曼奇尼学派的研究维度、概念和变量不可能成为比较研究学者的唯一灵感来源。我们需要考虑不同研究中的适当理论和情境因素。

第二个例子来自跨国新闻学的比较研究。“世界新闻调查”(The Worlds of Journalism Study)是一项基于67 个国家的27 500 名记者的“职业态度”和“感知的背景影响”的调查,汉尼驰(Hanitzsch,2019)等学者基于该调查提出了由政治和治理、社会经济发展和文化价值体系所构成的“新闻文化模型”,而“全球新闻文化”可以被定义为监督型、倡导型、发展型和协作型四种(Hanusch and Hanitzsch,2019)。20 年前戴维·韦弗(David Weaver,1998)的“全球记者”(The Global Journalist)研究之所以无法建立这样的国家分组,是因为当时并没有像“世界新闻调查”这样的标准化定期调查可以向研究者提供免费的数据和分析工具。同样,在定性新闻研究领域也出现了类似的灯塔项目。例如,本森(Benson,2013)通过对法国和美国的新闻领域进行情境敏感性的比较研究,激发了许多重要的后续工作(Powers and Vera-Zambrano,2018)。

第三个例子来自媒体使用和效果研究。这类比较研究集中于与媒体系统相关的情境敏感模型(Boomgaarden and Song,2019),该模型促进或抑制了公民的政治知识、跨领域接触和政治参与的增加。聚焦欧洲、北美和亚洲国家的大量研究发现,在特定的媒体系统中,具有公共服务导向的新闻媒体更可能促进公民政治知识的增加(Aalberg and Cushion,2016;Soroka,Andrew,Aalberg,Iyengar and Tiffen,2013)。这类研究在考虑直接、间接和偶然的情境效应上具有示范意义(Iyengar et al.,2010)。值得注意的是,在具有强大的公共服务广播的社会中,个人更愿意接触与他们态度不一致的政治新闻,从而降低"回声室"风险(Castro,Nir and Skovsgaard,2018)。在媒体系统中,倘若新闻生产具有高度的新闻专业性、低程度的新闻—党派平行性、健康的监管和低程度的商业化的特征,公众更可能消费更多的新闻并从中了解更多的政治信息(Boomgaarden and Song,2019;Fraile and Iyengar,2014)。随着路透社数字新闻报告机制的发布,关于媒体使用的研究可以使用更多的全球性经验数据。

四、底线

罗贾斯和瓦伦苏埃拉(Rojas and Valenzuela,2019)呼吁更多情境化的比较研究,因为这有助于更全面地理解政治传播。尽管这对研究者在国家知识、理论和方法上提出了更高的要求,但这些要求对我们进行比较研究是必要的。以新闻业为例,记者个人被嵌套在新闻机构中,而新闻机构又被嵌套在更大的新闻系统中。同样,个人层面的媒体使用受到更高层次的信息环境结构的影响。为了理解有的人为什么喜欢消费某些媒体产品而不是其他产品,需要我们进行多层次的理论研究和数据分析。在比较研究中,多层次分析的研究正不断增多,体现了该研究领域的日益成熟。

情境化的研究不仅需要定量研究,更需要定性研究,尤其是基于情境敏感性的比较政治传播研究(Livingstone,2003;Mancini and Hallin,2012;Powers and Vera-Zambrano,2018)。需要指出的是,比较研究中案例越多不一定越有解释力。案例包含的样本越多,具有特殊性情境的误解风险就会越大,而且采用最小公分母概念的危险也会增加。我们能采取的策略可能是在同一研究中结合最相异案例和最相似案例,以及结合多种方法和理论。这种方法论上的三角矫正(methodological triangulation)使得某一种方法的缺陷可以被另一种方法的优势抵消。使用多元化理论意味着从不同的角度探讨同一问题,使该研究的深度得到拓展。

(作者弗兰克·埃塞尔系瑞士苏黎世大学传播与媒体研究系教授;
译者王乐轩系中国传媒大学政府与公共事务学院、政治传播研究所硕士研究生)

学界动态

数字化时代的政治传播研究

——第九届"政治传播与社会发展"论坛综述/李墨馨　刘铭勋

数字化时代的政治传播研究

——第九届“政治传播与社会发展”论坛综述

◇ 李墨馨 刘铭勤

2022 年 10 月 29 日，第九届“政治传播与社会发展”论坛暨第六届“政治与传播”研究生论坛在北京举行。本次论坛以“数字中国建设与政治传播研究”为主题，由中国社会科学院大学主办，中国社会科学院大学新闻传播学院、中国社会科学院新闻传播研究所、中国社会科学院大学政治传播研究中心承办，《新闻与传播研究》《国际新闻界》《中国社会科学院研究生院学报》协办。中国社会科学院大学党委常委、副校长、研究生院副院长张斌，中国社会科学院大学新闻传播学院院长、中国社会科学院新闻与传播研究所所长胡正荣，中国社会科学院大学政治传播研究中心主任、新闻传播学院教授何晶出席论坛并致辞。来自全国 30 余家学界业界相关单位的 50 余位学者、专家及博士硕士研究生参加会议。中国社会科学院大学新闻传播学院执行院长、教授漆业林主持开幕式。

一、政治传播与数字中国建设

2022 年是中国共产党迎接“二十大”、奋进再出发的启航之年，也是中国国民经济和社会发展面向“十四五”、迈向新征程的关键之年。随着日新月异的数字技术发展和全球数字战略的急速竞合，党中央、国务院审时度势，加强统筹“十四五”规划，提出了“迎接数字时代，激活数据要素潜能，推进网络强国建设，加快建设数字经济、数字社会、数字政府,以数字化转型整体驱动生产方式、生活方式和治理方式变革”的科学论断。面对“加快数字化发展 建设数字中国”这一新的历史机遇,观照数字技术在经济社会发展、国家政治治理、民众日常交往中的重要作用和风险挑战是学术研究工作者阐明数字中国建设之路、探究数字中国建设之治、明晰数字中国建设之理的重要使命。在这一背景之下,第九届“政治传播与社会发展”论坛汇聚国内政治传播研究领域的专家学者,为加速推进数字中国建设、构建网络空间人类命运共同体,确定关键研究问题,提供基础研究进路。

在主题发言环节,六位学者围绕数字中国建设与政治传播发表见解。中国社会科学院大学新闻传播学院院长、教授,中国社会科学院新闻与传播研究所所长、研究员胡正荣作了题为《治理现实与传播理想》的发言,认为政治治理是传播之要素,一方面治理现实需要传播赋能,另一方面全媒体传播体系应赋能治理现代化。

针对国际政治传播现状,中国传媒大学政府与公共事务学院教授、政治传播研究所所长荆学民在主题发言《现时代国际政治传播我们该怎么说》中探讨了在国际政治格局动荡的时代背景下中国应如何做好国际政治传播。他指出,中国要做好国际政治传播,必须意识到政治性是国际传播不能回避的本质属性、国家是人类社会进行国际政治传播不可替代的操持者,同时应注意避免国际政治传播中的经济、文化、科技、社会的意识形态化,不能回避各个国家在政治上的国别经验和具体智慧。

北京大学新闻与传播学院教授胡泳发表了《李普曼与我们的世纪:重思公共性与民主》,在《舆论》问世100周年之际回顾李普曼关于公众舆论的思考,反思其观点与21世纪民主的关系。他认为,更多的信息并不一定会促使更多受到启蒙的公民参与,也可能带来更多的噪音与无知;而只要一个民主国家能够保持开放的话语和合理的辩论渠道,事实的真相总会浮现出来。

国家市场监管总局网络交易监管司副司长张道阳在题为《数字经济时代市场监管领域的“变与不变”:观察、思考和应对》的发言中强调了中国数字经济监管工作的基本理念,即坚持有效市场和有为政府,坚持两个毫不动摇,全面推进依法治国,同时要统筹安全与发展,建立数字经济领域的市场秩序。他认为数字经济治理必然经历“从数字化治理到治理数字化”的过程。

天津师范大学政治与行政学院教授、国家治理研究院院长佟德志作了题为《基于大数据的舆情治理及其限度》的主题发言,他认为运用大数据进行舆情治理具有其天生的优势，同时也具有局限性。在互联网与大数据结合、云计算算力提升的背景下，大数据民主逐渐形成。不同于传统民主的民意被动采集过程，大数据民主不需要公众主动进行表达就可以通过数据采集分析民意；但是大数据民主也具有舆情偏差和治理偏差等限度，应该重视但不迷信从网上采集的舆情，从大局上进行判断与决策。

中国人民大学哲学院教授、国家发展与战略中心研究员刘永谋的发言题目为《祛魅大数据治理》，他认为大数据治理是目前智能技术治理的根本，依赖海量数据的采集、挖掘和解析，需警惕伪技术治理、非科学专家政治及反技术治理，而准技术治理虽不是完美的治理模式，却是令人满意的务实方案。

二、数字技术背景下的政治传播新格局

在数字技术与政治传播分论坛上，学者们集中探讨了数字技术对于传播秩序、体制的冲击，针对网络舆论、智慧城市等实际问题建言献策。

中国信息通信研究院互联网法律研究中心主任方禹指出，随着数字中国建设的发展，一个网络社会已然形成。在此社会背景之下，网络法治构建是不容忽视的问题，网络安全防护、信息服务和社会管理等方面都需得到重视。在网络法治构建过程中数据法治是重中之重，而新媒体传播秩序也应重点规范。

数字技术飞速发展催生了社交机器人，暨南大学新闻与传播学院副教授、国际关系学院拉美研究中心特约研究员马立明和新闻与传播学院硕士研究生黄泽敏发现社交机器人已成为新型信息武器，通过散布假消息等方式活跃于国际舆论场。要做到遏制这种信息技术的滥用则须保持警惕，拒绝网络霸权主义与军备竞赛逻辑，在完善国际网络安全公约体系的同时强化民间牵制力量。

中国传媒大学政治传播研究所、政府与公共事务学院副教授苏颖指出，媒介技术日新月异，由此推动了媒介理论研究的进一步发展。她梳理了互联网时代比较媒介体制的理论推进，认为在学术对话的过程中比较媒介体制研究实现了原初理论基础从系统理论向历史制度主义的“升级”，反映了全球媒介体制正处于一种结构性转向的历史进程中。

西南大学新闻传媒学院副教授汤天甜、硕士研究生温曼露在其研究中指出短视频

促进了舆论的形象化、广泛化、智能化传播,但同时引发了包括认知错位、技术桎梏、群体暴力等在内的一系列风险挑战,若长期放任此类问题发展将威胁社会稳定。

澳门社会经济发展研究中心教授叶桂平、澳门城市大学葡语国家研究院博士研究生孟静文则指出澳门数字智慧城市建设中仍存在着评价监测力度不足、资源共享体系不完善等问题,急需通过制订发展规划、培养和引进人才等路径补齐短板。

三、国家治理视域下的政治传播

随着数字技术的发展,全国各地已有多个区域进行了智能治理探索。对此,多位学者结合自身在全国各地城乡的实地调研情况探讨基层治理中的经验与不足,同时就数字时代国家治理不可避免的网络舆情治理问题展开讨论。

中国人民大学新闻学院副教授宫贺、厦门大学新闻传播学院硕士研究生董旭通过对13个试点城市中安置“政务互动屏”的社区进行分析,建构了以“嵌入式媒介”为核心的社区治理与沟通模式,指出居民对于人脸信息等隐私数据泄露的担忧是“政务互动屏”推广过程中的一大阻碍。

湘潭大学文学与新闻学院讲师向青平研究了湘西村级微信群中国家与乡村社会的沟通过程,指出微信群塑造了社会化社区和科层制弱化的虚拟治理场景,为自上而下、自下而上的信息流动提供了结构化的通道,冲击了乡村社会代理人作为沟通中介的治理模式,国家与乡村社会在协商沟通中再造乡村秩序。

同样聚焦于乡村基层治理的上海大学新闻传播学院副教授尤游、硕士研究生李桂童则针对上海C村的危机治理实践展开研究,发现新媒体环境、公共政策与人际传播保障了不同群体的危机信息获取。农村社区在组织和动员上不仅有上传下达,也有全体村民在乡村媒介传播场域中达成的共同意会,这使得农村在面临危机时能够迅速建立起新的共同体。

网络舆情是数字中国建设背景下不容忽视的国家治理问题,西北政法大学新闻传播学院教授张爱军将网络舆情分为政治舆情和非政治舆情、突发政治舆情和常态政治舆情、群体性事件政治舆情和非群体性事件政治舆情、重大政治舆情和非重大政治舆情,进而指出治理政治舆情需要对归类政治舆情和归因政治舆情进行差序治理。

四、网络舆论视角下的政治传播

网络舆论是数字化时代中政治传播面对的特殊对象，在“政治传播与网络舆论”分论坛中，学者们从网络民族主义、舆情与政府政策的联系等角度切入，探索数字时代中国舆论场、国际舆论场对政治传播的影响。

南京林业大学人文社会科学学院讲师韩为政以2010年至2019年期间36起民族主义话语事件为导向筛选话语样本，考察社交媒体中的民族主义话语在情感表达层面呈现出的特点与发展动态。以“帝吧出征”事件为节点，在此之前社交媒体中的民族主义话语体现了强烈的“愤怒”型情感，“帝吧出征”事件之后微博民族主义话语在情感表达方面开始表现出较为浓烈的迷群文化色彩，同时网民会采用多模态信息表达以“赞扬”“轻蔑”“友善”为代表的多样化情感类型。

中共内江市委党校专职教师吉木拉衣以广西地区的473份调查问卷为基础进行回归分析，指出互联网不仅能够扩展线上关系网络和线下交往网络，还对政府绩效评价具有显著正向影响，支持了互联网使用对政府绩效评价的影响研究中的“媒体动员论”——媒体的信息传播和互动表达等功能深刻影响着政府和公众之间的对话公共关系，媒体能够提升民众的政治知识水平，促进民众形成积极的政治态度。吉木拉衣提出，基于互联网产生的线上社会网络丰富了民众的信息来源，为公民提供了沟通和表达诉求的平台，进而提高了民众对政府治理的绩效评价。

沿着舆情与政务关系的研究线索，贵州民族大学民族文化与认知科学学院副教授李科生和硕士研究生张婷、熊盼盼应用政务舆情回应模式探索政务舆情回应的实效模式，通过对深圳卫健委“电话发我”、重庆多处发生山火、县委书记鼓励领导带头买房、西安孕妇医院门口流产四个案例的比较分析，提出地方政府舆情回应“借风使船”模式的必要性，将失效的回应方式和“借风使船”的实效回应方式建立联系。他们发现将政务舆情的“借风使船”模式与回应工作有效结合，有助于解决回应渠道梗阻、回应影响力和传播力低下、回应“本领恐慌”等问题，并可与平台之间优势互补。

为更好地了解与展现中国舆论的真实情况，中国人民大学国际关系学院教授马得勇与博士研究生黄敏璇基于2021年中国网民调查数据，探讨了中国舆论态度是否存在极化的问题及其形成机制。中国网民的态度立场呈现出一种单峰型的分布态势,其中在国内争议性话题上网民的立场呈现一种偏向中立的相对温和中庸的样态,在外交话题上的态度立场则是一种“强烈同意”政府立场的一边倒分布样态,并且普遍存在网民高估他人与自己持有相同观点的“虚假共识”效应和高估实际观点比例的“感知偏误”现象。在舆论极端化的形成机制中,威权人格、意识形态等心理因素以及媒体接触均能有效地预测人们的态度是否会发生极化,虚假共识效应是态度极化的内因。

中国政法大学光明新闻传播学院讲师祖昊、中国传媒大学政府与公共事务学院讲师段锐、中国政法大学光明新闻传播学院硕士研究生陈硕对“萌化”政治传播的三种社会政治效能进行了总结——对权力象征的人格化补位、实现离散社会意识收编、强化社会政治动员。“萌化”政治传播通过话语的收编,实现破圈层传播,使得“两个舆论场”融合,令很多亚文化群体进入主流群体,进而推动文化的竞争、共融、互动。他们同时指出了现实中的“萌化”政治传播尚存在权力建构矮化、社会意识收编脚本单一、游戏式参与纯娱乐化的问题。

五、网络舆论对主流意识形态的形塑与影响

在“政治传播与意识形态”分论坛中,学者们对华夏传播精神以及网络舆论对主流意识形态的形塑与影响进行了讨论。

天津社会科学院舆情研究所副研究员董向慧结合人类学、考古学等学科知识提出在新石器中晚期至夏王朝建立之前,中国存在着一个迥异于其他文明的传播史上的玉器时代。玉器“媒介域”发挥着记忆工具、权力装置和社会组织核心的功能,建构了特定的时空组合,催生了中国文明特有的宇宙观、伦理观。其对华夏传播精神至少有三方面的形塑:一是整体性宇宙观的传播思维,二是圣王合一的传播者崇拜,三是象数符号的传播知识特征。

大连海事大学马克思主义学院讲师秦小琪与硕士研究生李灵艺提出网络媒介在主流意识形态传播过程中占据重要地位,饭圈经济作为数字经济的衍生形式,逐步与网络媒介发展潮流融合。网络媒介与饭圈经济的融合发展,一方面承接了粉丝的情感寄托和价值表达,并积极与社会利益和国家利益融合,可以激励个人发展、参与网络社

会治理、传播主流意识形态;而另一方面,饭圈经济运作会偏离正确消费观、价值观、理想观,影响青年人理想信念的形成。研究也在实践层面提出了减轻网络媒介与饭圈经济融合对青年主流意识形态负面影响的建议。

河南理工大学马克思主义学院教授王新刚和硕士研究生何作为认为在由社会舆情事件演化出的舆情场域中,主流意识形态话语存在着表达方式吸引力弱化、传播生态环境复杂和群众存在认同阻碍等多重困境,还存在主流意识形态话语影响力相对弱化,受到泛在化社会舆论的冲击、媒介工具理性的规约和思想舆论"三个地带"的交织影响等危机,并提出了要通过合理应用"灌输"模式、加强信息监管力度构建传播媒体矩阵等方式引导正确舆论导向,凝聚社会共识。

同样以舆论对意识形态的影响为立足点,中国矿业大学公共管理学院副教授张彦华与中国矿业大学网络风险治理研究中心研究员顾秦一、耿文琪提出,网络政治舆论因其对政治系统的作用力、对社会价值取向的影响力而与意识形态安全息息相关,并可能诱发意识形态认同感降低、意识形态抵御力下降、主流意识形态领导权相对削弱等风险。他们指出网络政治舆论对意识形态安全的影响过程呈现出贯穿于网络政治舆论和意识形态资源的生产、分配和消费过程的资本逻辑、技术逻辑和情感逻辑等三重作用逻辑,同时为有效治理网络政治舆论风险提出建构"元治理"格局、提升主流意识形态的传播力、提升敏捷治理效能并强化智慧治理的风险防范能力等提升主流意识形态传播的风险治理能力的建议。

六、国际传播视角中的政治传播行为

国际政治传播是政治传播亟须观照的现实问题,学者们通过研究构建了数字时代国际政治传播中精准有效的对外传播话语体系,为如何塑造中国国家形象、对抗西方霸权体系话语提供了多元视角。

中南大学文学与新闻传播学院讲师冯杰等人提出,新形势下中美双方在国际舆论场上的话语互动,对于加深对大国政治话语互动特征的认识、讲好中国故事具有启发意义。其选取 2018 年到 2020 年中美政治话语互动过程中中美贸易摩擦的钢铝关税阶段、制裁中兴事件全过程、香港修例风波中撤回修例之前、新冠肺炎疫情中美国疫情失控前这四个阶段,对中美政治主体的话语互动做了详细梳理,从五个层次使用结构化分析路径归纳中美双方在国际传播中的框架竞争。国家间的话语互动,通常并不受基础事实的决定性影响,自身立场、对国际规则的运用、物质性实力更为重要,随着互动的深入,事实的动议不再是重点,双方倾向于从定义、性质角度建构合法性,以程序和行动推动事件进展。他们同时对中国与他国进行危机事件的话语互动时采取的框架策略提出了建议。

南开大学新闻与传播学院讲师高冉与周恩来政府管理学院本科生高玥、李林霏将国际传播视角转向政治传播范畴的外交活动,提出随着数字外交的新范式的出现,其效能的提升成为重要议题。研究认为,从传统外交到数字外交的转型离不开数据跨境流动的助力,但各行为体对数据跨境标准和理念的差异是开展有效数字政治外交的一大障碍。一方面,不同行为体对数据跨境的重视程度,影响着各行为体数字政治外交的偏好。另一方面,全球尚未形成统一的数据跨境流动标准,这加深了数字政治外交的复杂程度,因而对外交政策的适配性提出了更高的要求。

中国传媒大学政府与公共事务学院副教授金勇与硕士研究生刘家豪以国家传播中的文化传播为落脚点,基于政治传播活动论视角,构建电影中的政治传播框架,分析政治信息融入国家叙事、政治信息故事化后塑造国家形象并传递政治价值的过程。他们将2017年至2021年中韩年度票房前五十的电影的国家叙事从角色主体、情节取材、情感立场三方面和国家形象表现方式进行比较,发现中国电影更多围绕国家立意叙事,而韩国影片更关注社会层面,两国都曾面对国家硬形象电影的传播局限性,并走向新的叙事转变。

复旦大学中国研究院副研究员刘典和北京科技创新中心研究基地助理研究员赵婧如阐述了国际传播平台化时代中数据资源的重要性,在阐述国际传播的范式与权力格局的变动后提出,中国是拥有大规模的互联网企业、媒体平台与数据资源的经济体,在此变动中更应积极探索政企合作的国际传播新范式,为改革发展营造有利的外部舆论环境。

天津大学新媒体与传播学院副研究员杨伊璐和武汉大学新闻与传播学院副教授关天如以海外民众的对华信任为研究重点,对美、法、德、俄等11国的各500份海外民众调研问卷进行回归分析,从理性、感性和关系这三个维度衡量影响海外民众对我国信任感知的多重因素,分析我国可信国际形象塑造的现状及影响机制。

与本次论坛同步进行的还有第六届“政治与传播”研究生论坛。与会研究生主要围绕数字技术与政治传播、政治传播与数字治理、数字时代的国际政治传播、政治传播与政治参与、政治传播与媒介话语、政治传播史论等议题进行了学术报告。

（作者李墨馨、刘铭勤系中国社会科学院大学新闻传播学院硕士研究生）

后　记

《中国政治传播研究》是国内唯一一本以政治传播为主题的学术辑刊。本辑刊的前4辑主要以“中国政治传播研究学术论坛”为基础,刊载或收录在论坛中发表的学术论文。为了更好地推动中国政治传播研究的发展,为本研究领域提供一个长期的、常态化的学术交流平台,编辑部决定推动《中国政治传播研究》走上原创辑刊的转型之路。这个决定,得到了中国传媒大学文科科研处、中国传媒大学政府与公共事务学院的大力支持,这些支持让编辑部有了极大信心继续前行。出版经费也得到了持续有力的保障,这为本辑刊的转型提供了坚强的后盾。

为了原创辑刊的第一辑,我们策划了“中国政治传播研究的学术探索与理论审视”这一专题。在这个专题里,我们希望回到中国政治传播研究的学术史起点,呈现中国政治传播研究的早期探索过程,并审视中国政治传播研究的理论进展。因此,我们启动了对于中国政治传播研究的早期探索者的采访活动。其中,俞可平教授、邵培仁教授作为国内政治学、新闻传播学界的代表,在采访中将原初议题提升、扩展至新的高度与深度。李元书教授已八十余岁,尽管写作不便,仍为我们提供了一个多小时的采访机会,我们根据采访录音整理成文。笔谈部分的张昆、谢岳、史安斌、刘海龙、潘祥辉、庞金友、何晶等都是一路见证、扶持中国政治传播研究发展的学者。本书主编荆学民教授不仅以学术的形式从“五大关系”维度回应了专题中的争议,而且分享了他在中国政治传播研究中的心路历程。从这些访谈、笔谈与回应的文章中,我们既能发现理论上的交锋,也能感受到某种共同的“中国学人气质”。对于中国政治传播研究的推进来说,这些都是宝贵的财富。我们向以上学者致以由衷敬意,希望后辈学人亦能不负前辈的殷殷期盼,进一步夯实中国政治传播研究的理论基础,探索出真正回应现实、解释现实的中国政治传播知识体系。

本辑所刊其他文章,也体现了本书关注真问题,追求开放、多元的学术风格。感谢所有作者对我们的信任和支持,感谢你们将宝贵的创作成果交付我们,请接受我们真诚的谢意。

感谢中国传媒大学出版社。张毓强社长持续关注与关怀本辑的出版。赵均总编辑为保证本辑的出版亲自参与本辑多篇文章的修改工作。责任编辑陈默对本辑所有稿件进行了细致、专业的审校,并全力保障本辑的按时出版。衷心感谢出版社各个工作环节上的各位朋友。

凡事“其作始也简,其将毕也必巨”。刚刚转型的《中国政治传播研究》辑刊尚处于幼年时期,需要学界同仁共同的支持和帮助。期待通过我们的共同努力,助力这本辑刊披荆斩棘、扬帆远航,成为中国政治传播研究同仁学术交流的主平台、学术发展的助推剂!希望多年后,我们能在本辑刊中追寻中国政治传播研究的发展历程。

《中国政治传播研究》编辑部

2023 年 4 月 3 日

《中国政治传播研究》征稿函

《中国政治传播研究》是国内以政治传播研究为特色的专业学术辑刊,由中国传媒大学政治传播研究所主办,受中国传媒大学政府与公共事务学院支持。本刊致力于为中国政治传播研究者提供公开、专业的学术交流与争鸣园地,推进政治学、新闻传播学等多学科的交流融合,推动中国特色、中国风格、中国气派政治传播研究领域的形成和发展。至今已经出版5辑。为更及时、广泛地反映中国政治传播研究的最新成果,不断提升《中国政治传播研究》的专业水平,打造中国政治传播研究的权威专业读物,从2023年第5辑开始,本辑刊计划每年出2辑,分别在上半年和下半年出版。诚请各位专家学者赐稿。对于高水平稿件,编辑部将支付优厚稿酬。

一、辑刊栏目

为了突出引领性和创新性,《中国政治传播研究》将重点关注以下内容,并开设相应的专栏。

第一,主题专论。根据时事热点、争议话题、经典问题等,设置专题讨论。

第二,政治传播基础概念和基础理论研究。关注政治传播研究领域中的重要概念和重要理论学说,强调对概念和理论的梳理、分析、创新和反思。

第三,中国政治传播知识体系建构。中国本土政治传播概念、理论、思想的创造和政治传播新议题的原创性发现,强调新知识对原有知识在延续中创新、在对话中超越。

第四,网络政治传播研究。聚焦于新媒体技术应用下政治传播的新问题和新现象,强调思想深刻、理论深厚、方法规范。

第五,历史向度的政治传播。聚焦于史料的古代政治传播研究,包括中外传统政治传播的经验和理念,强调话题的重要性,以及结论的当代价值。

第六,全球视野中的政治传播。国外其他国家和地区的政治传播重要议题和重要现象,如区域国别政治传播研究、比较政治传播研究等。

第七,政治传播研究前沿动态。当下国内外学术界政治传播研究的前沿和热点,强调问题的重要性、前瞻性和引领性。

第八,国际政治传播研究。关注国际传播、对外传播、全球传播、跨文化传播、文明传播等国际政治传播的重要话题,强调思想性和理论性。

第九,青年锐见。为发展政治传播研究的后备力量,设置该专栏,刊发博士生和硕士生的优秀政治传播研究成果。

第十,国内外政治传播会议综述。对国内外召开的有关政治传播的学术会议成果的综述。

除以上内容外,凡是涉及政治传播的高水平学术论文,本辑刊一概欢迎。

二、版块设置

每期版块将灵活设置,稿件形式不限于学术论文,本辑刊欢迎关于中国政治传播研究的相关访谈、译作、书评等,也欢迎圆桌对谈、组稿等形式的学术讨论。

本辑刊将采用纸媒和新媒体融合的成果发布形式,通过“中国政治传播研究”微信公众号、中国知网数据库等扩大学术成果的影响力,还将推出学人推介、学人专访、作者视频、公开课宣讲等多种传播形式,力求助力中国政治传播研究的持续健康发展。

三、投稿说明

1. 稿件须为原创学术成果,符合学术规范,且未在其他刊物发表。

2. 字数以 1.5 万-2.5 万字为宜,特别重要的稿件可以不受字数限制。

3. 稿件规范格式请参照第 5 辑,注释体例请参考国家标准 GB/T7714—2015,详见《(完整)参考文献标准 2015》。

4. 赐稿请至 policom@163. com,邮件主题格式为“集刊投稿 -工作单位 +姓名 +论文名”,如“集刊投稿 -中国传媒大学 +荆学民 +新时代中国的政治传播”。同时,为方便联系,作者投稿时,请在邮箱正文处注明作者姓名、职称或职务、通讯地址、邮政编码、手机号码、电子邮箱等。

5. 本辑刊常年征稿。

四、审稿程序

为规范本辑刊的审稿程序,特作出如下规定:

1. 收到稿件后,辑刊编辑部会在15个工作日内反馈初审意见。

2. 通过编辑部初审的稿件,我们将送相关专家进行双向匿名评审,专家评审意见一般在2个月内给到作者。

3. 专家评审意见分为略做修改后发表、做较大修改后重审、不同意发表等。收到退稿意见后,作者可另投他刊。

4. 经专家匿名评审通过的稿件,将提交主编终审。终审通过后本辑刊将择期发表。

《中国政治传播研究》编辑部

2023年4月3日

图书在版编目(CIP)数据

中国政治传播研究. 第5辑 / 荆学民主编. -- 北京：中国传媒大学出版社,2023.4
ISBN 978-7-5657-3420-5

Ⅰ. ①中… Ⅱ. ①荆… Ⅲ. ①政治传播学—中国—文集 Ⅳ. ①D60-53

中国国家版本馆CIP数据核字(2023)第066331号

中国政治传播研究(第5辑)
ZHONGGUO ZHENGZHI CHUANBO YANJIU(DI-WU JI)

主　　编	荆学民
副 主 编	白文刚　苏　颖
策划编辑	陈　默
责任编辑	陈　默
责任印制	李志鹏
封面设计	拓美设计

出版发行	中国传媒大学出版社		
社　　址	北京市朝阳区定福庄东街1号	**邮　　编**	100024
电　　话	86-10-65450528　65450532	**传　　真**	65779405
网　　址	http://cucp.cuc.edu.cn		
经　　销	全国新华书店		

印　　刷	唐山玺诚印务有限公司
开　　本	787mm×1092mm　1/16
印　　张	12.5
字　　数	216千字
版　　次	2023年4月第1版
印　　次	2023年4月第1次印刷

书　　号	ISBN 978-7-5657-3420-5/D·3420	**定　　价**	65.00元

本社法律顾问：北京嘉润律师事务所　郭建平